JN025423

法律学の始発駅

長谷部恭男

有斐閣

はしがき

　この本は法律学の入門書です。法律学の入門書には，いろいろなタイプのものがあります。

　さまざまな法律学の科目の内容をそれぞれの専門の執筆者がかなり詳細に紹介するものもあります。他方，これから法律学を勉強しようとする人たちに向けて，1人の執筆者が，法とは一体何か，法と道徳との違いはどこにあるか，法律では何が定められているか，裁判では何が問題とされるかなど，法の全般にわたる特質を説明するものもあります。

　この本はどちらかと言うと，後者のタイプのものです。ただ，法学部以外の学部で教養科目や教職課程設置科目として法学を学ぶみなさんの教科書としても，使うことができるでしょう。またこの本は，法律学の学習にすでに本格的に取り組んでいる方や，法律学全般の学習を一通り終えた方にとっても，今まで勉強してきたことを少し別の角度から見直してみるよすがにもなるのではないかと考えています。

　読者のみなさんが法に関連して日常生活で出会うこと，新聞やインターネットで見聞きすることなど，具体的な事例を多く交えた内容になっています。本書の内容について，さらに深く広く勉強したいという方のための **参考文献** 欄も設けています。

　訴訟制度，裁判制度および各国の法曹の種別等に関する記述に

ついては，長谷部由起子教授に助言をいただきました。なお残る
であろう誤りの責任は，誤りなく著者にあります。

　有斐閣編集部の山下訓正さんは，本書の執筆をすすめてくださ
り，執筆にあたってさまざまな助言をいただいた上，原稿の整理，
校正，表紙のデザインにいたるまで，万般にわたってお世話にな
りました。厚く御礼申し上げます。

2021 年 5 月

Y. H.

目　次

第 1 章

法は何のためにあるか

　法は権威だ——自分の判断に即して行動するのはやめて，法の指示するとおりに行動するように——と主張します。なぜでしょうか？

第 2 章

法 の 支 配

　法が権威としての役割を果たすには，つまり人の行動を方向づけ，人々の社会活動を調整する役割を果たすには，いくつかの特質を備えている必要があります。それを説明しましょう。

第 3 章

法 と 道 徳

　法で定められていなくてもそうすべきだ，あるいは法で禁じられていなくてもそうしてはいけないことは，世の中いろいろあります。法と道徳とはどのような関係にあるのでしょうか。

第 4 章

法 の 限 界

　いつも法の言うとおりにしていればよいというわけではありません。法はつまるところ，どう行動すべきかについての実践的判断を簡便化してくれる道具です。道具が頼りにならないこともあります。

第 5 章

いろいろな法分野

　一口に法と言っても，いろいろな分野があります。近代ドイツ法学の発展過程やその日本に及ぼした影響の経緯を参照しながら，いろいろな法分野とそれらの関係について説明します。

第 6 章

法　律

典型的な法と言えば法律です。法律は誰がどのようにして作るものか，そもそも法律とは何を意味するのか，それを説明します。

第 7 章

裁　判（1）　◉苫米地事件で考える◉

法と言えば裁判です。裁判は誰が，どのような場合に，どういう方法で開始することができるのか，衆議院の解散の合憲性が争われた苫米地事件を素材として説明しましょう。

第 8 章

解　釈

法はしばしば解釈されます。解釈ということばもいろいろな意味で使われますが，ここでは，法の文言をそのまま具体の事実にあてはめればそれですむ，というわけにはいかない場面で要求される，厳密な意味での解釈について説明します。

第 12 章

多 数 決

集団が統一的な決定を行うとき，しばしば多数決が決定の手続として用いられます。なぜでしょうか。多数決は，いつも首尾一貫した決定をもたらしてくれるでしょうか。

第 13 章

二 重 効 果

世の中には，1つの行為が2つの効果をもたらすことが少なくありません。正当な帰結を意図してした行為が，同時に，誰かに害悪をもたらす行為でもあることもあります。そうした行為がそれでも正当と考えられるのはどのような場合でしょうか。

終 章

法律家の共同体

法律家と呼ばれる人々にも，裁判官，検察官，弁護士，法律学者など，いろいろな役割分担があります。みなさんの生きる社会の法が何か，それを決めているのは，主権者であるはずのみなさんではなく，法律家集団の慣行です。残念ながら。

目

次

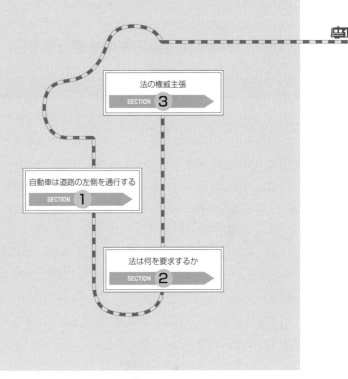

法の権威主張

SECTION **3**

自動車は道路の左側を通行する

SECTION **1**

法は何を要求するか

SECTION **2**

第 **1** 章

法は何のためにあるか

　法は権威だ——自分の判断に即して行動するのはやめて，法の指示するとおりに行動するように——と主張します。なぜでしょうか？

自動車は道路の左側を通行する

SECTION 1   2

　法は何のためにあるのでしょうか。どのような働きをしている
でしょうか。

　みなさんは，生きていく上で，いろいろな法に出会うだろうと
思います。法の典型として，道路交通法上のいろいろなルールが
あります。道路交通法の 17 条 4 項は，次のような規定です。

> 　車両は，道路の中央から左の部分を通行しなければならない。

　自動車を運転するときは，道路の左側を通行すべきことが定め
られています。みなさんは子供のときから，そう教わってきたで
しょうし，運転免許を取得するときは，改めて試験を受けて確認
しなければならない知識です。

　ここには，しかし，いろいろ考えなければならないポイントが
潜んでいます。

　第 1 に，道路交通法という法律にそう定めてあるからといって，
なぜそのとおりにする必要があるのでしょうか。法律は国会議
員の人たちが多数決で定めるものです（多数決については，第 12 章
で取り上げます）。国会議員の人たちは，道路交通の問題も含めて，
世の中のいろいろな問題について人並み優れた知識を備えている

上に，自分の利益や「お仲間」の利益など目もくれず，世のため人のために働くすばらしい人たちなので，だからこそ，彼らが多数決で決めたことには従うべきなのでしょうか。

　第2に，そうは言っても，世界各国を見てみると，自動車が左側を通行すべきだという国もあれば，右側を通行すべきだという国もあります。人並み優れた知識を備えた人々が世のため人のために懸命に考えた結果として道路の交通規則が決まるのであれば，どの国のルールも同じになって当然のように思われます。なぜそうではないのでしょうか。それに，民主的に選ばれた議会が法律を定めているわけではなく，独裁者が勝手に自動車は右側と定めている国でも，その国で自動車を運転しようとする人は右側を運転するものではないでしょうか。

　第3に，考えられ得る反論にあらかじめ答えておく必要があります。人が法に従うのは，従わないと刑罰を科されるからだという反論です。道路交通法は，左側通行の規則に従わなかった人は，3月以下の懲役または5万円以下の罰金を科されると定めています（道路交通法119条1項2号の2）。罰金を食らうのは嫌だから，法律に従うのだという議論です。

　しかし，世の中そうしたものでしょうか。みなさんは，そもそもこんな刑罰が科されることは知らないで，それでも左側通行だと思ってきたし，そうしてきたのではないでしょうか。それに，もし日本人の大部分が道路交通法など眼中にない，従う必要などないのだと考えて行動し始めたら，警察官がいくら熱心に取り締まろうとしても，到底間に合いません。人々が自発的に協力して

くれないときに，法律に定めてある罰則を100パーセント確実に適用することなど不可能です。国民の大部分が実際に叛乱を始めたら，政府は簡単に崩壊します。20世紀終わりの東欧諸国の体制崩壊はその実例を示しています。

　法律学者の中にも，法の本質は刑罰を含めた制裁にあると主張する人が少なからずいますが，少数の不心得者に制裁を課すことは，法の例外的かつ病理的事象というべきもので，法の本来のあり方を示したものとは言いにくいところがあります。国際関係の本質は戦争にあるとか，夫婦関係の本質は離婚時の慰謝料の額にあるという主張と同じで，一部の例外や病理を肥大化した極端な見方のように思われます。

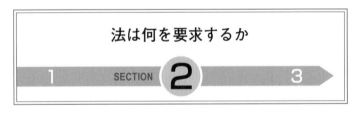

法は何を要求するか

1　SECTION 2　3

　ものごとの根本に遡って考えてみましょう。人はいかに生きるべきか，日々いかに行動すべきかを自分で考え，自分で結論を出して，だいたいはその結論に従って行動するものです。

　自分で結論を出したからといって，そのとおりに行動するとは限りません。すばらしい食事を提供するレストランがあるから，是非そこに食べに行くべきだと判断した場合でも，そのとおりにレストランに出かけないことも間々あります。ただここでのポイ

ントは，どう行動するかは自分で判断するのが原則だということです。

ところが法（「法」の典型は「法律」です）は，自分の判断に即して行動しないで，法の指示するとおりに行動するように要求します。自動車の運転の場合では，道路の左側を通るか右側を通るかを自分で判断しないで，左側を通るようにと，日本の道路交通法は要求しているわけです。

なぜそんな要求をするかですが，広く受け入れられている説明は次のようなものです。いかに行動すべきかは人がそれぞれ判断すべきものです。しかし，場合によっては，人がそれぞれ判断するより，法の要求に従って大部分の人が行動した方が，本来各人がとるべき行動をより善くとることのできる場合があります。そうした場合は，大きく分けると，2つの類型に区分することができます。

第1は，法を制定する人が一般市民よりもある問題について優れた知識を持ち合わせている場合です。新型のウイルスが蔓延して，重症化する人や死亡する人が少なからずいるという状況で，ウイルスの蔓延を防ぐにはどうすべきか，専門家の人たちは一般市民より優れた知識を持ち合わせているものでしょう。そうした場合は，専門家の判断に従って社会生活のルールを作り，それにみんなが従って行動することで，ウイルスの蔓延をよりよく防ぐことができます。ウイルスの蔓延を防ぐよう行動すべきことは，すべての人にとって当然のことです。つまり，人は誰もが本来，専門家の指示するように行動すべき理由があったのだという

わけです。

　第2は，どれでもよいから，とにかくどれかに決まってくれて，それに即して大部分の人が行動することが肝心な場合です。自動車が道路の右を通るか左を通るかがその典型です。道徳的に見て，あるいは人間工学に照らして，どちらの側が優れているということはないでしょう。優れた知識の有無は問題になりません。それでも，人がそれぞれの判断に応じて右側を通ったり，左側を通ったりすると，剣呑で仕方がありません。その国の法律で左側と決まった以上は，その国で生活するすべての人には，左側を通行すべき理由があります。そうすることで，自分も含めてすべての人が安全にかつスムーズに自動車を運転することができます。

　第2の場合のように，大部分の人が他の大部分の人が行動するように自分も行動しようと思っているにもかかわらず，選択肢が複数あるためにどうすべきか迷ってしまう状況のことを調整問題（co-ordination problem）状況と呼びます。日々の社会生活を送る上で，調整問題に相当する問題は，非常に沢山あります。たとえば，買い物をするときにどの通貨を使うか（円かドルかユーロか）とか，国家公務員の定年は何歳なのかとか，この程度の所得のある人はどの程度の税金を払うべきなのかとかです。法律はそうした問題状況を的確かつ効率的に解決してくれます。

　調整問題は法律で解決されるとは限りません。長年の社会の慣行が解決してくれることもあれば，独裁者の命令が解決してくれることもあります。そうした場合も，なぜ慣習に従うのか，なぜ独裁者の命令に従うのかと言えば，その答えは，調整問題を解決

してくれるから，ということになります。

法の権威主張

2　SECTION **3**

　2で説明した法の特質——人々に自分の判断に即して行動するのはやめて，法の指示するとおりに行動するように要求すること——を指して，法は権威（authority）であると主張すると言われることがあります。

　「主張する」とわざわざ付け加えているのは，法は法の指示どおりに行動するよう要求するわけですが，法の指示どおりに行動すべきだとは限らないことが，これまたときおり起こるからです。標準的な場面では法の指示どおりに行動すべきだろうが，この例外的な局面ではそうはいかないということも起こります。専門家の判断が間違っている場合もあります。つまり，法の主張するとおりに，法をいつも権威として扱うべきだとは限りません。政府の行動は控え目であるべきで，個々人の自由な行動を制約することに慎重であるべきだとしばしば言われる理由の1つは，人にとって何が利益となり，都合のよいことかは，それぞれの人自身が一番よく分かっていることが多いからでもあります。

　それに，そもそも人は自分の判断に即して行動するのが原則であったわけですから，法を権威として扱うべきか否かを決めるの

も，最後は各人の判断の問題です。

　しかし，法の指示どおりに行動しないでいると，刑罰を含めた制裁を科されるリスクがあります。刑事被告人として起訴され，新聞・テレビ・週刊誌・インターネット等で散々に非難されるかもしれません。そうしたときに黙って耐えるのも1つの生き方ですが，戦うことも可能です。戦う手段の1つとして，憲法上の基本権があります。基本権には，法の権威主張を解除する働きがあります——別の言い方をするなら，憲法違反の法は無効になります。この点については，第4章，第8章，第9章，第11章で改めて扱います。

　もう1つ，人は自分の判断に即して行動するものだと，今まで述べてきました。いかに生きるか，いかに行動するかを人がそれぞれ，理由に照らして判断することを実践理性（practical reason）の働きと言うことがあります。実践理性は，各個人が働かせるものだと考えられています。しかし，人類の歴史上，つねにそのように考えられてきたわけではありません。

　地球上の多くの地域で，しかもきわめて長い間，人はその生まれた身分に応じて，何を役割とし，どう行動すべきかが決まっているものだと考えられてきました。人がそれぞれ自分の判断に即して行動すべきだと考えられるようになったのは，近代以降のことですし，そうした考え方が始まったのはヨーロッパという特定の地域でのことです。

　こうした考え方の変化は，法や道徳によって規律されるべきなのは，社会生活の中で，他の人々との関係でどのように行動すべ

きかであって，各個人が内心でどのような信念や信仰を抱くべき
かを法や道徳は規律すべきものではない――それは各個人だけに
委ねられるべき問題だ――という考え方の変化にも見合っていま
す。

近代初頭のヨーロッパで起こったこの革命的な考え方の変化は，
法のあり方にも，倫理的な判断のあり方にも根本的な変化を与え
ました。とりわけ憲法のあり方に変化を与えました。現代の日本
も，いろいろな面でこうした変化の影響を受けています。この点
については，本書のさまざまな箇所で触れていくことになります。

参 考 文 献

権威に関する標準的な説明として，法哲学者のジョゼフ・ラズ
によるものがあります。彼の「権威と正当化」〔森際康友訳〕（ジョゼ
フ・ラズ『自由と権利――政治哲学論集』〔勁草書房，1996〕所収）を
ご覧ください。ラズはイスラエルの出身で，オクスフォード大学で
長く法哲学を教え，現在は，ニューヨークのコロンビア大学教授で
す。

調整問題については，とりあえず拙著『憲法の理性〔増補新装
版〕』〔東京大学出版会，2016〕71 頁以下の簡単な説明をご覧ください。

調整問題の存在は古くから気付かれていて，アリストテレスも
『ニコマコス倫理学』の中で論じています。彼によると，犠牲の山
羊を 1 匹にするか 2 匹にするか，囚人を釈放するときの身代金を

いくらにするかなどは，「こうであってもまたはそれ以外の仕方で
あっても本来は一向差支えを生じないのであるが，いったんこうと
定めた上は，そうでなくては差支えを生ずるごときことがら」です
（『ニコマコス倫理学（上）』〔高田三郎訳，岩波文庫，1971〕194 頁［第
5 巻第 7 章 1134b]）。

　法の本質は制裁にあるという議論の典型例として，ハンス・ケル
ゼン『法と国家の一般理論』〔尾吹善人訳，木鐸社，1991〕77-78 頁
があります。

　法の本質は制裁にあるという考え方は，1 個の法（a law）と言い
得るものの姿形についても示唆を与えてくれます。道路交通法の場
合で言えば，自動車は道路の左側を通るべきだという規則は，それ
だけでは法ではなく，法の一部にすぎません。1 個の法といえるの
は，自動車は道路の左側を通るべきだという道路交通法 17 条 4 項
と，それへの違反に刑罰を科す同法 119 条 1 項 2 号の 2 を合わせた
もの（連言）です。そういう考え方が間違いとまでは言えませんが，
不必要に問題を複雑化させる，少々ゆがんだものの見方のように思
えます。

　本文では，法の要求として，道路交通法のルールのように，「あ
あしろ，こうはするな」と命令する単純な形態のものを議論しまし
たが，法の中には「こういうことをしたいのなら，こうしてくださ
い」というものもあります。たとえば，遺言——法律用語としては
「イゴン」と読みます——をしたいと思う人が，どのような方式を
とるべきかを民法典の規定が定めています（民法 960 条以下）。定め
られた方式どおりの遺言でない限り，有効な遺言とは認められませ
ん。ほかの例としては，国会が法律を議決しようとするのなら，衆
議院・参議院，それぞれの議員全体の 3 分の 1 以上の議員が出席し

た上で，出席した議員の過半数で議決することが必要であることが，憲法の規定で定められています（憲法56条。以下，本書では日本国憲法を指して単に「憲法」という場合があります）。この規定どおりに行動しないと，法律を議決したことにはならないわけです。

　こうした規定は，「権限付与規範」とか「授権規範」とかと呼ばれることがあります。これらの規定は，そのとおりにしなかったからといって刑罰が科されるわけではありませんが，しかし，人々に対して，有効な遺言をしようと思うなら，あるいは法律を制定しようとするなら，一定の方式をとるように，あるいは一定の手続に従うように求めているわけですから，法の指示どおりに行動するよう求めている点で違いはありません。少なくとも，人の行動を方向づけてはいます。法の本質は制裁にあるという議論は，こうした規範の役割を説明する上でも難点があります。

　人としてどう生きるべきか，いかに行動すべきかという問題（群）は，倫理とか道徳とか呼ばれることがあります。倫理（ethics）と道徳（morality）とは，前者がギリシャ語，後者がラテン語に由来しており，同じ意味合いで使われることも少なくありません。ただ，人の生き方や行動の仕方は，各人が自分で考え，自分で判断して決めるべきだという出発点をとった上で，社会生活の中で他の人々との関係でどのような行動をとるべきか（とるべきでないか）がもっぱら問題されるときは，道徳（morality）の問題として捉えられることが多いと言えます。

　それ以外の論点——人はどのような信念や目標を抱いて生きるべきかとか，内心の欲望や動機をどうコントロールすべきかとか，勇敢であることや鷹揚であることといった内心における徳の涵養や人格の陶冶をいかに目指すかとか——を含めて議論する場合は，倫理

ということになります。

こうしたことばの使い分けをする典型例として，バーナド・ウィリアムズ『生き方について哲学は何が言えるか』〔森際康友＝下川潔訳，ちくま学芸文庫，2020〕第1章があります。ここで説明した意味での「道徳」という観念は，近代初頭のヨーロッパで生まれたものです。近代以降の世界で，人の法的・道徳的義務の根拠が生まれついての身分から各自の自律的意思決定へと移行したことは，「身分から契約へ」（サー・ヘンリー・メイン）という標語で表されることがあります。自律的な意思決定にもとづく義務は，契約上の義務とは限りません。こうした変化については，第**3**章で立ち返って説明します。

こうした変化を強調する著作として，ほかに Alasdair MacIntyre, *After Virtue* (3rd edn, University of Notre Dame Press 2007) があります（原著第2版の邦訳として，アラステア・マッキンタイア『美徳なき時代』〔篠崎榮訳，みすず書房，1993〕があります）。ただし，マッキンタイアは，近代以降の道徳に対してきわめて批判的です。かと言って，前近代に戻ることができるわけでもありません。内心の倫理に忠実に生きるには，修道院に引きこもるしかないのでしょうか。何だか袋小路に入り込んでいるように見えます。

1 みなさんの身の回りで調整問題だと考えられるものの例を挙げてみてください。それらを解決しているのは，法でしょうか。

2 道路交通法7条によると，歩行者も信号を守らなければならず，それに違反すると2万円以下の罰金又は科料が科されることになっています（道路交通法121条1項1号）。見通しのよい直線道路で見渡す限り自動車の影形も見えない場所にある歩行者用の信号がたまたま赤信号になっているとします。あなたが何かの事情でとても急いで道を渡らなければならない状況にあるとして，あなたはそれでも道路交通法の指示を守るべきでしょうか。

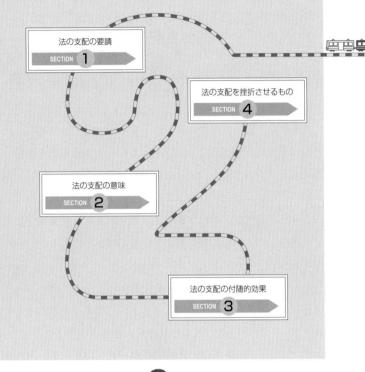

法の支配の要請
SECTION **1**

法の支配を挫折させるもの
SECTION **4**

法の支配の意味
SECTION **2**

法の支配の付随的効果
SECTION **3**

第 **2** 章

法 の 支 配

　法が権威としての役割を果たすには，つまり人の行動を方向づけ，人々
の社会活動を調整する役割を果たすには，いくつかの特質を備えている
必要があります。それを説明しましょう。

法の支配の要請

SECTION **1**   2

　第**1**章で，法は各自の判断に即して行動するのはやめて，法の指示どおりに行動するよう要求するものだということを説明しました。そこでも説明したように，本当に法の指示どおりにすべきかどうかという問題は残されています。本章で説明するのは，法のこうした要求がそもそも筋の通った要求として成り立つためには，法はどのような特質を備えている必要があるか，という問題です。

　法の指示するとおりに行動するためには，第1に指示の内容が実行可能なものである必要があります。道路を歩くときは，必ず秒速10メートルで歩けと言われても，そうはいきません。

　第2に，法による指示の内容が公開されている必要があります。江戸時代の日本のように，何が法であるかを知っているのは幕府の役人だけで，一般庶民は知らされていないという社会では，人は法の指示するとおりに行動することができません。

　第3に，公開されている法の内容が明確である必要があります。「お行儀よくしていろ」とか「自動車は安全に気をつけて運転しろ」というだけでは，具体的に何をどうすればよいのか分かりません。

　第4に，明確ではあっても，複数の法が相互に矛盾・衝突して

いては，どの法に従えばよいかが分かりません。法は1個1個で独立して存在し機能するわけではなく，お互いに関連し合って1つのシステム——「法秩序」とか「法体系」と呼ばれます——になっていますから，この要請は大切です。

　第5に，法の指示はなるべく一般的な形でなされる必要があります。A君はこうすべきだがB君はこうすべきだというように，1人1人で何をどうすべきかが違っていたり，違反したときに受けるべき罰が異なっていたりしたら，人々は何が法なのか訳が分からなくなってしまうでしょう。

　第6に，法の指示はある程度，安定している必要があります。指示の内容が日々変化して，朝令暮改のありさまでは，やはり法の指示に従うことは難しいでしょう。

　第7に，人がすでに行動をしてしまった後になって，それは本当はやってはいけないことだったのだと言って刑罰を科すような法にも，従うことは不可能です。

　第8に，法の指示を具体的な場面で執行する役人が，法の指示どおりに執行するように役人の行動をコントロールする仕組み——典型的には，裁判所によるコントロール——が備わっている必要があります。

　以上のような，そもそも人が法の指示に従うことが可能であるために，法が備えているべき特質——指示内容の実行可能性，法の公開性，明確性，無矛盾性，一般性，安定性，事後法（遡及法）の禁止，合法性のコントロール——を総称して「法の支配 the rule of law」の要請と言うことがあります。

　法の支配ということばは，もっといろいろな要請——人権の尊重とか，民主主義の実現とか——を盛り込んだ，濃厚な意味合いで用いられることもありますが，法学の学び始めにまず覚える必要があるのは，この希薄な意味内容の法の支配でしょう。国際的な舞台で the rule of law ということばが使われるときも，このような希薄な意味合いで用いられることが一般的です。

法の支配の意味

SECTION **2**

　今説明した法の支配の要請は，100 パーセント実現されることはまずないと言っていいでしょう。法が想定する標準的な場合においてどう行動すべきかは明らかであっても，限界的な事例ではそもそもその法を適用すべきか否かが不明確であることも少なくありません。また，ある法と別の法とが衝突しているように見えることも，珍しくはありません。それに，法の支配の要請が 100 パーセント実現されることは，本書第 **4** 章で説明するように，実はあまり望ましいことでもありません。しかし，かなりの程度までこうした法の支配の要請にこたえるものでなければ，ある社会に人の行動を規律する法秩序があるということ自体が難しくなります。

　ある社会の法秩序が法の支配の要請をかなりの程度満たしてい

ることが，その法秩序が道徳的に優れた法秩序であることを示すと言われることもありますが，これもまた，怪しげな主張です。法の支配のいろいろな要請は，法が法として，つまり権威として機能するためには，どのような特質を備えているべきかを描いているだけです。露骨な性差別を実施する法秩序や少数民族を虐待したり強制収容所送りにしたりする法秩序も，そうした反道徳的な法秩序として十分に機能し効果を上げるためには，やはり法の支配の諸要請にこたえている必要があります。

　法が法として役立つための特質を十分に備えていることは，その法の内容が道徳的に見て称賛すべきものであるか否かとは関係がないと考えた方が安全でしょう。洗濯物の汚れを見事に落とす洗濯機は，洗濯機として優れた性能と働きを示していると言えるでしょうが，それを道徳的に優れた洗濯機と呼ぶべきだとは言いにくいように思われます。

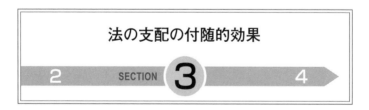

法の支配の付随的効果

2　SECTION 3　4

　もっとも，だからと言って，法の支配のいろいろな要請を十分に満たしていることが，現代社会の望ましいあり方と全く無関係というわけではありません。

　法の支配の諸要請を満たしている法秩序の下では，人はどのよ

うな行動をとると刑罰その他の制裁を政府によって科されること
になるかを事前に予測することができます。そうであれば，人は
そうした政府の活動に関する確かな予測を前提として，自分とし
てどのように行動することが合理的か，何が自分の利益に役立つ
ことになるかを計算した上で行動することが可能となります。法
の支配は，個人としての自律的な生き方を支えることになるわけ
です。

　また，各人が自分の利益を最大限に実現しようとして行動する
結果として，社会全体としてもより幸福な人の多い社会になるの
ではないでしょうか。憲法学の専門用語を使うなら「公共の福
祉」（社会全体の利益という意味です）の実現に役立つわけです。

　そのことと関連しますが，法の支配の諸要請を満たしている法
秩序は，消費者や供給者がそれぞれの効用を最大化しようとして
行動する市場メカニズムの機能を支えると言われることもありま
す。自分が購入すると約束したはずの商品を売り手が届ける保障
がなく，買い手が購入代金を支払う保障もない社会では，そもそ
も市場メカニズムが機能しません。市場メカニズムが適切に機能
していれば，消費者と供給者を合わせた社会全体の効用も最大化
するはずです（経済学の入門書の描くとおりに世の中が動けばという
話ではありますが）。

　さらに，たとえば法の公開性の要請は，国会で制定された法
律が公布されることになっていることと関係していますし（憲法
7条1号），法の無矛盾性の要請は，法律，政令，条例など，さ
まざまな法の相互間の効力関係が明確化されることも要請します。

法の安定性の要請は，法律を改正するためには，国会の限られた審議時間を費やさなければならない——そのために，政府が必要だと考える改正をすべて，直ちにはできない——という制度運営上の条件と対応しています。

このように，法の支配の諸要請は，現代社会が備えている法秩序の望ましい姿とさまざまな形で関連はしています。しかしだからと言って，現代の法秩序の望ましい姿のすべてをひっくるめて法の支配と呼ぶべきだということにはなりません。そうした望ましい姿の諸要素は，それぞれ独立に検討の対象とした方が，議論や思考の混乱を招かずにすむでしょう。

法の支配を挫折させるもの

3　　SECTION　**4**

2 で説明したように，法の支配の要請は，100 パーセント実現することは不可能ですし，それは望ましいこととも言えません。他方で，法の支配の要請を掘りくずそうとする力が働くこともあります。

独裁者が法の支配の要請をさほど気にかけないであろうことは，予想できることです。独裁者は国民にとっての利益ではなく，自身の私的な利益を目指すものです。

ただ，国民全体の福祉を実現しようとしているはずの民主国家

の政府も，法の支配に反する法秩序を「善意」にもとづいて構築してしまうことがあります。たとえば，現代の民主国家の政府は，単に法の支配の要請を満たす民法典や刑法典を制定してそれを法の文言どおりに実行するだけでは，役割を果たしたとはみなされません。法と秩序を維持するだけの，かつての夜警国家とは違います。

　現代の民主国家には，経済的に困窮している人を援助する，労働の機会を提供する，子供の教育格差が広がらないよう教育条件を整備する等，さまざまな具体的な場面に即したきめ細かな内容の活動が要求されます。一定数の明確かつ一般的な法令に従っているだけでは，政府の役目は務まりません。より不明瞭で漠然とした目標——経済的に困窮している人々の援助，教育格差の縮小，景気の浮揚等——を実現するために，広い判断の余地がある形で権限と予算を与えられ，そうした権限をさまざまな個別の事情に応じて行使していくことになるでしょう。勢い，裁判所によるコントロールの余地は狭まります。

　こうした現象は別の視点から説明することもできます。現代の民主国家では，国民全体の福祉の実現というスローガンの裏で，さまざまな利益集団が官僚機構や政党，政治家に働きかけ，各集団の利益の実現を政治の回路を通じて図ろうとします（こうした働きかけをロビー活動やロビーイングといいます）。利益集団は資金や票を提供し，その見返りに，さまざまな法令が制定され，実施のための予算が配分されます。それらは，議会多数派とさまざまな利益集団との「協定」の結果を示しています。

権限の行使，予算の執行に関して，法の支配の要請に即した明確で一般的な法律が制定されると，裁判所による事細かなコントロールが及ぶために，資金や票のスポンサーである利益集団の意向に反した法の執行がなされかねません。明確性を欠いた大まかな書き振りの法律を制定し，官僚機構に広い判断の余地を認めれば，裁判所のコントロールを限定し，政治家とスポンサーの集団との「協定」に即したきめ細かな法の執行が実現できるでしょう。

　というわけで，民主主義を通じて福祉が実現される社会は，さまざまな利益集団の利権にからんで法の支配が掘りくずされる社会かもしれません。悄然とさせられる話ですが。とはいえ，政府の活動範囲を狭め，予算の規模を削減し，官僚機構の判断の余地を狭めろと声高に主張する政治勢力に安易に加担すべきでもありません。民主政治の仕組みの中では，あらゆる政策提言は，何かしら特定の集団の利益を図ろうとする政治勢力の意図のあらわれである可能性があるはずですから。こうした提言をする人たちだけが，自分たちの私的利益ではなく，社会全体の利益の実現を図っていると考えるべき理由はあるでしょうか。

　政治家や官僚にだまされるなと言う人たちにもだまされてはいけません。用心が必要です。

　本章で説明した法の支配については，さしあたり拙著『比較不能な価値の迷路——リベラル・デモクラシーの憲法理論〔増補新装版〕』〔東京大学出版会，2018〕第 10 章「法の支配が意味しないこと」をご覧ください。そこでも説明していますが，法の支配に関する私の考え方は，ジョゼフ・ラズの影響を強く受けています。

　法の支配ということばを基本的人権の尊重や民主主義の実現等を含めた濃厚な意味で使う例は，日本の憲法の教科書で時折見られます。ただこうした濃厚な意味での「法の支配」は，つまるところ本書第**11**章**3**で説明する「近代立憲主義」と同じ内容のものです。そうであれば，近代立憲主義と呼べばすむことで，それに重ねて「法の支配」という名前をつける必要はなさそうです。

　本章で説明した法の支配について，寓話を用いて説明した文献として，Lon Fuller, *The Morality of Law* (revised edn, Yale University Press 1965) が広く知られています。ハーバード大学の教授であったロン・フラーは，法が法として機能するためには，法の支配の諸要請を満たす必要があることをもって，法と道徳との間には内在的な関連があるという結論を基礎づけようとしたのですが，本文で説明したとおり，こうした議論には無理があるように思われます。

　江戸幕府の下での司法の実際については，旧事諮問会編・進士慶幹校注『旧事諮問録——江戸幕府役人の証言（上）』〔岩波文庫，1986〕105 頁以下で描かれています。

　本章**4**で説明した現代の民主政治のありようは，政治的多元主義 (political pluralism) とか利益集団自由主義 (interest-group liberalism）と呼ばれることがあります。こうした民主政治の姿は，職業選択の自由に関する日本の最高裁のある判例法理の前提となっているという見方があります。この点については，拙著『憲法講話——24の入門講義』〔有斐閣，2020〕142頁以下をご覧ください。

第1章で説明した権威としての「法」もそうなのですが，本章で説明した法の支配と言われるときの「法」は，「実定法」と言われるものです。英語で言うと positive law ということになります。特定の時点で特定の者が定めた法（posited law），という意味です。

アメリカの連邦議会が制定した法律，東京都議会が制定した条例，フランスのアンリ4世が1598年に定めたナントの勅令は，いずれも実定法です。実定法を定める者は，人間やその集団とは限りません。シナイ山で神がモーゼに与えた法も，神が一定時点で定めた実定法です。その内容については，旧約聖書中の『出エジプト記』20節以下，『申命記』5節以下等をご覧ください。

実定法ということばは，ラテン語の jus positivum に由来しますが，この言い方は，12世紀頃から教会法学者によって使われ始めたもので，それ以前は，少なくとも一般的には使われていません。プラトンの『ティマイオス』について4世紀の哲学者カルキディウスが著した『註解』の中に，自然的な正義と衡平という観念と対比されるものとして，実定的 positivae な，つまり特定の国や社会における正義と衡平という観念がごく断片的な形であらわれますが（I.6），それがこうしたことばの使い方の手掛かりとされたと言われています（Stephan Kuttner, 'Sur les origines du terme《droit positif》', in *Revue historique de droit français et étranger*, 4 série, 15（1936）728-740）。

実定法ということばは，自然法ということばと対比されます。自

然法については，第3章4で改めて説明します。随分と厄介で扱いにくいことばであることが分かります。

発展問題

1 法の支配の要請に反する法の具体例を考えてみてください。

2 法の支配を本文で説明したよりもっと濃厚な意味で使っている例を手近な教科書類で探してみてください。そうした濃厚な意味で「法の支配」ということばを使うことには，どのような効能がありそうでしょうか。

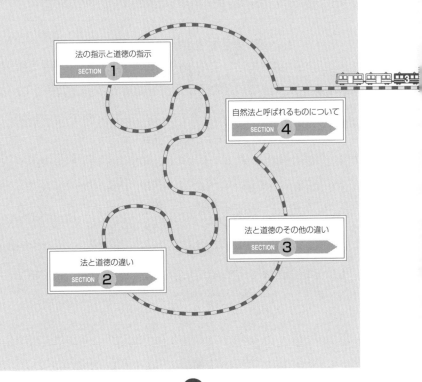

法の指示と道徳の指示
SECTION **1**

自然法と呼ばれるものについて
SECTION **4**

法と道徳のその他の違い
SECTION **3**

法と道徳の違い
SECTION **2**

第 **3** 章

法 と 道 徳

　法で定められていなくてもそうすべきだ，あるいは法で禁じられていなくてもそうしてはいけないことは，世の中いろいろあります。法と道徳とはどのような関係にあるのでしょうか。

法の指示と道徳の指示

SECTION **1** 2

今まで，法は人々に対して，自分の判断に即して行動するのではなく，法の指示どおりに行動するよう要求するものだと説明してきました。ところで，法の定めの中には，法にわざわざ指示されるまでもなく，法以前の道徳的な判断のレベルですでに，そんなことは当然だ，ということもしばしば含まれています。たとえば，人の物を盗むなとか，人を殺すとか。

もっとも，現代社会の法で，人を殺すなと文字どおりに定めるものは稀でしょう。日本の刑法典の 199 条は，次のような規定です。

> 人を殺した者は，死刑又は無期若しくは 5 年以上の懲役に処する。

人を殺すと死刑になったり，刑務所に入れられたりするというわけです。人を殺すなとは書いてありません。もっとも，この規定の当然の前提は，人を殺すのは悪いことであって，そんなことをしてはならないということです。自分が憎たらしいと思っている人間を殺しておまえが得られる快楽と，その後で刑務所に入れられて苦労するコストをはかりにかけて，どちらをとるかをよく考えろと言っているわけではありません（そうなのだと主張する学

者もいないわけではありませんが）。刑法典は人を殺すなと指示していると考えるのが良識的な結論でしょう。

　わざわざ法によって指示されなくとも，人を殺すべきでないことは当然のことです。その限りでは，人を殺すなと指示する法は，権威としての役割は果たしていません。自分の判断に即して行動するなと言っているわけではなく，各自のしそうな判断をそのまま認めているだけです。もしこの規定に意味があるとすると，それにもかかわらず人を殺したときにどんな刑罰が下るか（裁判官としてどんな刑罰を科すべきか）を定めている点だということになりそうです。

　このように，法と道徳とでは指示の内容が重なることがあります。どちらも人に対して，こういう行動をとるようにとか，ああいう行動はとらないようにと指示しているように見えます。道徳の一部だと思われるものにエチケットがありますが，エチケットのきまりは，人づきあいに関する調整問題——家に入るときは靴を脱ぐべきかとか，お香典はいくら包むかとか——をしばしば解決してくれます。法と道徳の間に，役割の違いは何かあるでしょうか。また，法と道徳との間には，どのような性質の違いがあるでしょうか。

法と道徳の違い ● 法の支配との関係

第**2**章で説明したように，法が法としての——権威としての——役割を果たすためには，法の支配と総称される一連の要請を十分に満たしている必要があります。他方，道徳上のきまり（格率 maxim と呼ばれます）は，多くの場合，法の支配の要請を満たしていません。

「自分のしてほしくないことは，人にもするな」と言われても，具体的に何をすべきでないかはっきりとは分かりません。「自分がしてほしいように，人にもするように」も同じです。それに，人の趣味や嗜好はさまざまですから，自分のしてほしいように人にすることは，往々にしてその人のためになりません（と，バーナード・ショーが言っています）。明確性の要請を満たしていないだけでなく，無矛盾性の要請にも往々にして反しています。「慎重であるとともに大胆であるべきだ」とも言われます。そもそも法令と違って，公開も普通はされていません。そのため，行動してしまった後になって，この村では（あるいはこの会社では）そんなことはすべきではなかったのだということが分かって大いに恥をかくこともあります。事後法の禁止の要請も満たさないわけです。

それでもさほど深刻な問題だと思われていないのはなぜかというと，同時に法にも違反する行動でない限り，死刑にされたり刑

務所に入れられたりするわけではないということももちろんありますが，道徳上のきまりの大部分は，それに即してどう行動すべきかは，各人が改めて考えて判断を下すものだということになっているからでもあります。そこが法とは違います。裏側から言うと，道徳上のきまりは，各人に判断の余地をかなり広く残しています。最後はあなたが判断してください，ということになっています。法の支配の要請を満たしていないということは，そうせざるを得ないということです。

　道徳上のきまりのこうした性格は，それらの多くが人々の慣行を通じて徐々に形成され，安定し，いずれは廃れていく（こともある）ことと関連しています。道徳上のきまりが何かしらの議会で制定されるということはありませんし，道徳格率集として政府によって公刊されることも考えにくいことです。2020 年の新型コロナウイルス蔓延の際，日本では 3 密（密閉，密集，密接）を避けるようにという政府のアドバイスに沿って，またたく間に新たなエチケットが形成され，実行されましたが，これは人の命に関わる非常時だからという特別の事情によるものでしょう。

　法と呼ばれるものの中にも，道徳上のきまりと同じものが見られます。前近代社会の法の大部分は，立法議会によって制定され，公示されることはなく，人々の慣行を通じて徐々に形成され，安定し，その中にはいずれ廃れていくものもある，というものでした。慣習法と呼ばれるものです。慣習法も，特定の社会で特定の人々の集団が徐々にではあれ作り上げる法ですから，実定法の一種です。

　前近代社会では，自分の生きる社会の法はどんなものかは，すべての人が子供の頃からの生活習慣を通じて自然に身につけていて，改めて教えられるまでもないということがほとんどだったでしょう。そうした法に反する不心得者は，村八分にしたり村から追放したりという程度の制裁で，十分に実効的に法を遵守する態度を行き渡らせることができました。そうした前近代社会では，法のきまりと道徳上のきまりの間に，さしたる違いはなかったわけです。

　ただ，人々の生活環境が急速に変化し，新たに対応しなければならない技術やサービスが日々登場する近代以降の社会では，道徳上のきまりや慣行から形成される法（だけ）に頼っていたのでは，人々の円滑な社会生活を支えることができません。自動車が新たに導入された社会で，自動車が道路の右側を通るべきか左側を通るべきかを，人々が慣行にもとづいて徐々に決めていくことにすると，その間に事故も沢山発生してしまうでしょう。近代以降の社会では，議会が次々と法律を制定することになりますし，そうした法律は，法の支配のさまざまな要請を100パーセントではないにしろ，十分な程度には満たしていなければなりません。

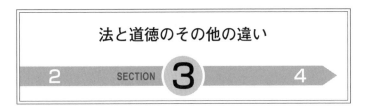

法と道徳のその他の違い

　法と道徳の違いの1つとして，道徳は内心を拘束するが，法は人の外面的行動を拘束すると言われることがあります。法が内心を拘束しないことは，そのとおりでしょう。人のことを憎たらしい，殺してやりたいと思っただけで，刑務所に入れられることはありません。

　他方で，道徳は人の内心を拘束するものかというと，これは何を道徳と呼ぶかによるとしか言えません。前近代のヨーロッパ社会では，1つの普遍的教会（現在，カトリックと呼ばれている教会です）が人々の生活を，生涯にわたって，内心を含めてすべて支配していました。内心でどのような信仰を抱いているかによって，永遠に続くはずの来世で幸福に生きることができるか否かが決まるのだと信じられていたわけですし，正しい信仰が何かを決めるのは，各自の判断ではなく，教会の判断だとされていましたから，そうなるのは当然です。

　これに対して，近代以降の社会の多くでは，人が内心でどのような信念を抱いているか，どのような信仰を奉じているか（あるいは全く奉じていないか）は，全くその人自身の問題だという前提がとられています。宗教改革をきっかけとして普遍的であるはずの教会が分裂し，お互いをアンチ・クリスト扱いして血みどろの

宗教戦争を何十年にもわたって繰り広げた後では，何が正しい信念であり，信仰であるかを政府や社会が問題にすることは，あまりにも危険でした。何が正しい信仰であるかを判断するための「客観的な」基準——どの宗派も共通して受け入れる基準——は実際にはあり得ないわけですから，危険性はますます高まります。

　このため，近代以降の社会では，「道徳」が規律するのは，社会生活の中での人々の外面的な行動に限定されるという考え方がとられるようになります。裏返して言うと，近代以降では，法についても道徳についても，人々の内心までは規律できないという考え方がとられているわけです。

　そうであれば，道徳だけで十分ではないか，なぜそれに加えて法が必要なのかという疑問が生まれるでしょう。いろいろな答え方があります。①人々の生活環境が急速に変転し，技術化も著しく進展する近代社会では，慣行を通じて徐々にしか変化しない道徳では，人々の社会生活を十分に規律することができない，②道徳についても，具体の場面での人々の判断は相互に激しく対立し得るので，政府が公示し強制する「客観的」法秩序が確立されなければ，人々の平和な社会生活が成り立たない，③どのような道徳体系が人々の社会生活を規律すべきかも，それ自体が調整問題であり，それは統一的な法秩序の導入によって効果的に解決できる等が，主な答え方です。

　第**1**章で触れたように，法の本質は制裁にあるという立場があります。その立場からすると，道徳には制裁がない点が，法と道徳の最も顕著な違いということになるでしょう。

　ただ，道徳にも制裁が全くないわけではありません。人々の非難を被る（社会的制裁と言われます）ことや，自分の良心が痛むこともそうでしょう。法独特の制裁は，死刑や刑務所への収監のような物理的制裁にあることになります。法的制裁の観念を非常に広くとって，たとえば裁判所が一定の原理原則を公に宣言し，それにもとづいて個別の紛争を解決することも含めるとすると，憲法上の権利に関する裁判の多くでは，道徳原則を裁判所が公に宣言して，それにもとづいて紛争の結論を決めていますから（この点については，第11章4・5で改めて扱います），道徳に関しても法的制裁はあることになりますが。

　法の本質は物理的制裁にあるという立場はかなり有力ではありますが，第1章で説明したように，これが現代社会における法の役割を的確に示していると言えるか，また，法のあり方をゆがめた形で描くことにならないか，疑いがあります。

　たとえば，この考え方からすると，国際法[1]と呼ばれるもののかなりの部分は，法ではないことになってしまいそうです。そうした結論になってしまわないために，国際法の場合は戦争が制裁なのだという議論もありますが，戦争は強い方が勝つのであって，法を遵守している側が勝つとは限りません。勝った方の言い分が法になるのだと言い張れば別ですが。やはり何かゆがんでいるように思われます。

---

1)　国家間の関係を規律する法のことを国際法といいます。

自然法と呼ばれるものについて

3　SECTION **4**

　法と道徳との対比は，実定法と自然法との対比とほぼ同じであるかのように語られることがあります。今までお話してきた「法」が実定法であることは，第**2**章の **参考文献** 欄で説明しました。実定法とは，特定の時点で特定の者が設定した法を意味します。

　他方，それと対比される自然法はというと，何となくですが，人に生まれつき備わった感性や理性を通じておのずと感得できる，どんな社会でも普遍的に妥当する，永遠に変わらぬ法であって，この法に反する実定法があればその実定法は法とは言えないものだ，という感じがしないわけではありません。

　しかし，自然法とは何か，それにどのような役割や効力を認めるべきかについて，一致した見解は実はありません。この点を分かりやすく説明しているのは，A. P. ダントレーヴの『自然法』という文献です。

　ダントレーヴは，「ローマ法大全[2)]」に収められた『学説彙纂』の冒頭に掲記されたさまざまな学者の自然法に関す

A. P. ダントレーヴ

Alxander Passerin d'Entrèves (1902-1985) は，イタリアの法学者。トリノ大学の出身で，1938 年に母校の教授として迎えられましたが，職を辞してパルチザン活動に参加しました。第二次世界大戦後，トリノ大学教授に復職し，国際法哲学・社会哲学学会会長も務めています。

る見解が相互に矛盾・衝突していることを指摘します。『学説彙纂』の編纂者たちがそれを大きな問題だと考えなかったのは，彼らにとって，自然法が実定法と対比される一連のルール群ではなかったからです。自然法に反する実定法が無効だとも考えられていませんでした。

　彼らにとって自然法とは，個別の法を具体的事例に適用する場面で，解釈を通じて適切な解決を得る際の手掛かりとされた範例（paradigm）でした。法学部のみなさんであれば，そのうち民法の時間で教わる「自然債務」がその例です。個々の具体的な債務の背後に想定されているもので，それ自体は訴訟を通じて実現することのできないものかもしれませんが，個別の債務のありようを検討する際，その背景にあるはずのモデルとされました。

　その後，自然法の観念は，変化します。中世神学はアリストテレス哲学を取り入れた上で，この世のものはすべて，一定の目的をもって存在していると考え，その目的を実現するための一定の法——自然法——に従うと考えました。ドングリが成長して樫の木になるのも，手から放すと物がすべて地上に落ちるのも，人が生まれながらの身分に応じて，社会生活を規律する法に従うのも，すべてそれぞれの役割と本性（nature）に即した法に従っていることになります。

---

2)　6世紀に東ローマ帝国のユスティニアヌス帝の下で編纂された『勅法彙纂 Codex』『学説彙纂 Digesta』『法学提要 Institutiones』に個別的補充立法である『新勅法 Nouvellae』をあわせたものを総称して「ローマ法大全 Corpus Iuris Civilis」と呼びます。

フーゴー・グロティウス

Hugo Grotius (1583–1645) は、オランダの法学者。国際法の父と呼ばれます。オランダ国内の政争に巻き込まれて終身禁錮刑に処せられましたが、彼のもとに書籍を運び込むための箱に隠れて脱出し、フランスに亡命しました。主著は『戦争と平和の法』。

ザムエル・プーフェンドルフ

Samuel Pufendorf (1632–1694) は、ドイツ出身の哲学者、法学者。スウェーデン国王やブランデンブルク選帝候の顧問を務めました。主著に『自然法と万民法』『自然法にもとづく人と市民の義務』等があります。

　自然法の観念は、近代初頭のヨーロッパでさらに大転換を遂げます。一方ではガリレオやデカルトの発見や分析によって、自然現象をすべてそれぞれの目的や役割によって説明することには無理があるという考え方が広まりました。他方で、宗教改革の結果として宗派間の激烈な対立抗争が生まれたことから、**フーゴー・グロティウスやザムエル・プーフェンドルフ**等が検討の対象とした近代的な自然法は、個別の宗派の立場とは切り離された、人として平穏に社会生活を送るためにはどんな信仰を抱く人であっても従わざるを得ないような、そうしたきまりでした。人は誰も自分の存在を守ろうとするものだ、他人にむやみに危害を加えるべきではない、人の物は持ち主に返還すべきだ等のかなり切り詰められた内容のものです。

　グロティウスは彼の定式化する自然法について次のように言います。

> 今まで述べてきたことのすべては、邪悪の極みなしには想定しがたいことではあるが、神が存在しないとしても、あるいは神が人事に関心を持たないとしても、それでもなお妥当する。

どんな宗派に属する人であっても，たとえ信仰を抱かない人であっても同意が可能な原則を確定しようとすると，内容を切り詰めざるを得ません。もはや，人それぞれにあらかじめ割り当てられた目的・役割とそれに即した本来の自然な生き方が決まっているわけではありませんから，社会生活の具体的ルールは，こうして切り詰められ最小限のいくつかの原則となった自然法を出発点として，あとは理性的判断にもとづいて人為的に組み立てていくことになります。

　以上のような歴史的な経緯の検討から分かることは，自然法ということばは，時代により社会により，さまざまな役割を与えられてきたものであって，一定不変の内容を見出そうとしたり，それに反する法は法ではないと言えるための境界線として便利に使おうとしたりすることには，慎重であるべきだということです。自然法ということばは，理想の社会のあり方を描くために使われることもあれば，社会生活の最低限のルールを指すこともあり，違背することも変えることもできない硬いルールを指すこともあれば，具体的で多様な紛争の解決にあたって手掛かりとされるモデルであることもあります。

　もっとも，少なくとも近代以降の時代環境に限って言えば，人として生きていく上で，共通する最低限の条件と言い得るものはあるはずで，およそ人の社会生活のルールとして成り立つためには，そうした条件を無視した法ではあり得ないはずだという議論はあります。H. L. A. ハートが「自然法の最小限の内容 the minimum content of natural law」として提示したのは，そうし

H. L. A. ハート

H. L. A. Hart（1907-1992）は，イギリスの法哲学者。オクスフォード大学教授を務めました。主著は『法の概念』。ジョゼフ・ラズは，彼の弟子にあたります。

た議論です。

ハートは，人が生きていくためには集住して社会生活を送るものだとか，人の能力はおおまかに言えばさほどの差異はないとか，人の肉体は傷つきやすいものだとか，人が生きるために必要とする資源は稀少で有り余っているわけではないとか，人の利他心には限界がある等といった，およそ人の生きる社会に共通する特質や条件を掲げて，法が法として機能するには，こうした諸条件を無視することはできないことを指摘しています。こうした諸条件を無視した法を制定しても，それが遵守されることは期待できないということになります。

他方，この種の考え方を逆立ちさせた議論として，カール・マルクスの議論があります。彼は，生産力がさらに発展を遂げると資源の稀少性は解消され，その結果として異なる思想や信念にもとづいて人々が争うこともなくなり，そのためおよそ法というものの必要性自体も消失すると主張しました。夢のような話です。人の生産活動による地球温暖化のリスクが指摘される現代では，そもそも夢としても成り立ち得ないように思われます。

生産力の発展によって稀少性が解消される資源の他に，美しい自然，簡素で整然とした街並み，文化芸術活動，最先端の科学研究のように，市場を通じた経済活動だけでは適切な資源配分を達成することができない問題にも関心を向ける必要があります。

　「自分がしてほしいように，人にもするように」は，イエス・キリストのことばです（『マタイによる福音書』7: 12）。黄金律と呼ばれます。「慎重であるとともに大胆であるべきだ」という格率は，エピクテトスの『語録』2.1 にあらわれます。

　前近代の慣行としての法と近代以降の体系化された法との違いは，H. L. A. ハート『法の概念〔第 3 版〕』〔長谷部恭男訳，ちくま学芸文庫，2014〕第Ⅴ章で描かれています。自然法の最小限の内容については，同書第Ⅸ章第 2 節をご覧ください。

　ハートはときに，「法実証主義 legal positivism」を代表する学者と目されることがあります。法実証主義は自然法論と対比される概念です。ただ，本文で説明したように，自然法と言われるものが時代により社会により大きく変化するものであるのと同様，法実証主義と言われるものも唱える人によって多種多様です。法の考察は実定法の考察から始めるべきだという点では，多くの法実証主義者が一致すると思いますが，それ以上に，法と道徳との関係をどう捉えるか，実定法は実定法だというだけで遵守する義務が，一応（prima facie）のものとしてでも，あるかないか等，多様な論点で法実証主義者と言われる人々は見解を異にしています。

　人類の将来に関するマルクスの展望は，マルクス＝エンゲルス『共産党宣言』〔大内兵衛＝向坂逸郎訳，岩波文庫，1951〕第 2 章末尾や同『ドイツ・イデオロギー』〔廣松渉編訳・小林昌人補訳，岩波文庫，2002〕67 頁で描かれています。

　ハンス・ケルゼンは，法である以上は制裁を伴っているはずで，

国際法における制裁は戦争だと言っています。彼の『純粋法学〔第2版〕』〔長尾龍一訳，岩波書店，2014〕110頁をご覧ください。

　ダントレーヴの著作は，Alxander Passerin d'Entrèves, *Natural Law: An Introduction to Legal Philosophy*（Transaction Publishers 1994）です。初版（1951年版）の邦訳が『自然法』〔久保正幡訳，岩波書店，1952〕として刊行されています。現在でも熟読する価値があります。とはいえ，そこに書かれていることをすべて額面どおりに受け取るべきだという意味ではありません。

　グロティウスのことばは，『戦争と平和の法』序説第XI節にあらわれます。参照しやすいのは，英語になりますが，Hugo Grotius, *The Rights of War and Peace*, Book I（Richard Tuck ed, Liberty Fund 2005）89［Preliminary Discourse XI］です。

　近代世界の開始と宗教改革・宗教戦争との関係は，さまざまな文献が論じています。古典的な文献の一つとして，エルンスト・トレルチ『ルネサンスと宗教改革』〔内田芳明訳，岩波文庫，1959〕，とくにその第二論文の附論「ルネサンス，宗教改革，『近代世界』に対する啓蒙主義の関係」があります。トレルチの友人であったマックス・ウェーバーのことばを借りるならば，前近代において人々の生活全般をことごとく覆っていた魔術が解け，神々が激烈に争うようになったのが近代社会です。

　人々の社会生活上の外面的行動だけを規律し，人の内心を規律しない限られたものを「道徳 morality」と呼び，「倫理 ethics」と区別することば使いについては，第1章の 参考文献 欄で説明しました。多様な信念，信仰，世界観が存在し，激しく衝突する近代以降の社会でまず必要となるのは，倫理よりは道徳です。

発展問題

　身の回りで「道徳」とか「自然法」といったことばが，どのような文脈で，どのような役割を果たすために使われているか，具体的な実例を挙げて検討してみてください。

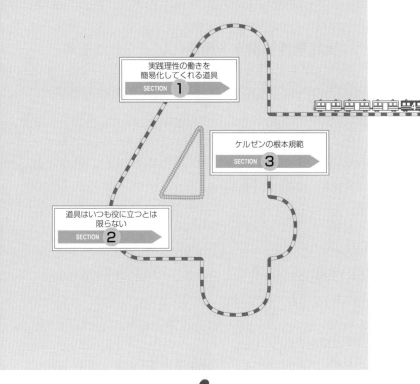

実践理性の働きを
簡易化してくれる道具

SECTION 1

ケルゼンの根本規範

SECTION 3

道具はいつも役に立つとは
限らない

SECTION 2

第 4 章

法 の 限 界

　いつも法の言うとおりにしていればよいというわけではありません。法はつまるところ，どう行動すべきかについての実践的判断を簡便化してくれる道具です。道具が頼りにならないこともあります。

実践理性の働きを簡易化してくれる道具

　今まで繰り返し述べてきたように，法は人々に対して，自分の判断に即して行動するのではなく，法の指示に従って行動するように要求します。なぜそんな要求をするかと言えば，法の指示に従って行動する方が，本来，人がとるべき行動をより善くとることができるから，というのがその理由です。

　ところで，法がこうした要求をするものであること，そして，その理由が何かということ，そうしたことがらは，それ自体は法ではありません。なぜ法がそんな要求をするのかとか，その要求どおりに行動すべきなのかといった問題は，むしろ道徳の領域に属するものです。

　なぜ法に従うべきなのか，それは法がそう要求しているからだ，というのでは，ただの循環論です。法に従うべき理由，そしてどんな場合には法に従うべきではないのかを教えてくれる理由があるとすればその理由も，法以外の領域に求める必要があります。近代以降の社会で，それを教えてくれるのは，道徳です。どう行動すべきかは本来，各個人が判断すべきものだということが常識となったのが近代以降でのことであることと，表裏の関係にあります。

　冒頭の問題に立ち戻って，法が権威であると主張すること，そ

う主張する根拠は，法の指示に従った方が，本来人がとるべき行動をより善くとることができることにあります。このことを別の言い方であらわすと，法は人の実践理性の働きを簡易化してくれる道具だということになります。いかに行動すべきか，それを自分で判断する手間を省いて，より効果的にとるべき結論を教えてくれるというわけですから。

　自動車を運転するとき，道路の右側を通るか，左側を通るかを自分で一々判断しないで，道路交通法の指示するとおりに行動すれば，安全にかつスムーズに自動車を運転することができます。いかに行動するかを考える実践理性の働きを省力化，簡易化してくれています。

　法と言われるものの中には，こうした働きをしないものもあります。たとえば，刑法典が「人を殺すな」と言っているとして（第**3**章 1 参照），人を殺すべきでないことは，誰もが当然のこととしてはなから承知していることですから，実践理性の働きを簡易化してくれてはいません。

　ただ，そうした場合——道徳的なきまりの指示と同じことを法も指示している場合——は，裏返して言うと，なぜ法に従うべきかを考える必要のない場合です。むしろ，法に従っているとも言えないかもしれません。道徳に即した自分自身のごく当然の判断に従っているだけです。みなさんがある日，朝起きてから夜寝るまで，誰も殺さないで 1 日を過ごしたとき，「私は今日も 1 日，刑法 199 条に従って生きた」とは思わないでしょう。誰もそんなことは意識しないで毎日を過ごしています。

　今説明したことを，別の言い方であらわすと，道徳だけでは何をどうすればよいか判断に困るときにこそ，法の存在意義があるということになります。道徳のきまりの指示を繰り返しているだけの法は，たとえ法令集に掲載されているとしても，実は法の姿形を真似ているだけで，本当は法らしい法ではないということになります。

　殺人罪に関する刑法199条に法としての意義があるとすれば，それは殺人を犯した人にどのような刑罰を科すべきかを裁判官に指示している点にあるということになるでしょう。それは，道徳だけでは判断できないことがらです。

道具はいつも役に立つとは限らない

1　SECTION **2**　3

　法は道具です。道具ですから，なるべく使いやすいよう，分かりやすいように出来上がっています。なぜこんなに分かりにくいのだと文句を言いたい法律の条文もないわけではありませんが，それでもそれなりに分かりやすくはなっているはずです。

　分かりやすさを保障しているのは，第**2**章1で説明した法の支配のいろいろな要請です。実行可能な指示が公示され，明確で，一般的で，相互に矛盾せず，安定していて，事後に定められて遡及することもなく，役人たちが法の定めどおりに行動するよう裁

判所がコントロールしてくれる。そうなっていることが，法の道具としての使いやすさを保障してくれます。

　ところがこうした法の道具としての使いやすさを突き詰めていくと，逆に，個別具体の紛争に法をあてはめたとき，事案に即していない，おかしな結論を導くことになることもあります。一般的であるということは，あらゆる個別の事情を細かく勘案しているわけではないということでもあります。安定しているということは，社会状況の変化や人々の意識の変化をいつも的確に反映しているとは限らないことでもあります。

　法のこうした簡単には直しようのない本来的な欠陥について，アリストテレスは『ニコマコス倫理学』の中で，次のように述べています。

> 　法はすべて一般的なものであるが，ことがらによっては，ただしい仕方においては一般的規定を行ないえないものが存在する。それゆえ，一般的に規定することが必要であるにもかかわらず一般的なかたちではただしく規定することのできないようなことがらにあっては，比較的多くに通ずるところを採るというのが法の常套である。その過っているところを識らないではないのだが──。しかも法は，だからといって，ただしからぬわけではない。けだし過ちは法にも立法者にも存せず，かえってことがらの本性に存するのである。つまり「個々の行為」なるものの素材がもともとこのような性質を帯びているのである。

　アリストテレスは，こうした場合には，法の定めには反しても，

個別の事情に即した衡平の理念に訴えかけて，適切な解決を探るべきだと言っています。

　また，アリストテレスの先生であったプラトンは，『ポリティコス』の中で次のように言っています。

> すべての人間にとって最善の理想になるとともにもっとも適切でもあるようなこと，これを厳密に網羅したうえで，最善の方策をひとときに全員に命令として与えるということ，このようなことは法律がぜったいに実行しえないところなのだ。……さらに，人間の世界のできごとのうちには，かたときでも粛然と静止しているようなものは，まずなにひとつとしてないとさえ言えそうではないか。だからこそ，いかなる問題にのぞんでも，単純不変な公式のたぐいをありとあらゆる時においてあらゆる事例に適用されうるものとして確定的に示すことは，総じていかなる技術にも許されていないのだ。……法律はどこかの強情で愚鈍な人間にそっくりなのだ。つまり，自分が布告した命令に反することは，なにひとつだれにもおこなうことを許そうとしない人間にそっくりなのだ。

　つまり，法はつねに最善の答えを与えてくれるわけではありません。せいぜい次善の手段です。それなのに，どんな場面でも法の文言どおりの回答にこだわるのは間違いであると，プラトンは指摘しています。患者の診察にあたる医師が，その患者の特殊事情——アレルギーだとか，罹患しているほかの病気とか——を考えないで，一般原則どおりの薬の処方をすればそれですむわけでないことと同様の話です。

ここでは，相反する複数の理念が，しかもすべてを最上の形で満足させることは困難な形で衝突しています。

　紛争解決の任にあたる裁判官は，本来は，個別の事情に即した適切な解決を，具体の紛争ごとに考えるべきなのでしょう。ただ，そうした能力を十分に備えた裁判官がふんだんに見つかるかと言えば，そうした人材はやはり稀少な資源であって，いつもそんな裁判官がその場にいてくれるというわけでもなさそうです（ああいや，多くの日本の裁判官はそうだと思いますよ）。

　そうした実際的な事情があるものですから，おかしな結論が出される数をなるべく少なくすべく，法が裁判官の裁判を方向づけ，枠づけるようにしているわけです。裁判官による実践理性の働きを規律する便利な道具として法が働いてくれます。「人の支配」ではなく「法の支配」というわけです。

　ところが法は，所詮は道具にすぎないものですから，法の定めのとおりに裁判を下していれば，いつも大丈夫とはいかないことがあります。個別具体の事情によっては，いかにも当事者がかわいそうな結論になってしまうとか（第**9**章で具体例を扱います），何十年も前の社会常識からすれば，こういう遺産分割の仕方でよかったかもしれないが，今この時点で婚外子の取り分は嫡出子の取り分の半分だという法の規定をそのままあてはめてよいのかとかです（この問題は第**8**章**2**で扱います）。

　法学部のみなさんは，いずれ各実定法科目でより詳しく勉強することになりますが，それぞれの法典には，法の杓子定規な適用にもとづく不都合が起こらないよう，緩衝材（バッファー）にな

る規定が組み込まれていることがあります。「公序良俗」に反する法律行為の効力を否定する民法90条や，「犯罪の情状を酌量して」刑を軽くすることができると定める刑法66条は，その典型例です。

　こうした条文は，実は，典型的な法とは言えないものです。裁判官がどのような行動をとるべきか，具体的に指示してはいません。目前の契約が「公序良俗」に反しているかどうかを自分で考えろ，「犯罪の情状を酌量」したとき，刑を軽くすべきか，自分で考えろと言っているだけです。実践理性の働きを簡易化しているとは言いがたい条文です。

　こうした条文を使って裁判官が実際にやっていることは，アリストテレスのことばで言えば個別具体の事情に応じた均衡のとれた解決を探ることです。別の言い方をするなら，法以外の道徳的な考慮に訴えかけて，杓子定規な法の結論を回避しようとしていることになります。

　裁判官が法以外のことがらを考慮するのはけしからん，それでは「法の支配」ではなく「人の支配」になってしまうではないか，という懸念があるかもしれません。たしかにその懸念はあるのですが，法は，所詮は道具です。道具がいつも役に立つとは限りません。法の指示する結論がいかにも変だ，というときは，人本来の姿に立ち戻って，自分自身の実践理性に頼るべきではないでしょうか。裁判官も裁判官である以前に人ですから。

　ところで，裁判官が法の指示する結論を回避するため——法の権威主張を解除するため——に使う道具の1つに，憲法がありま

第**4**章 ● 法の限界

す。とりわけ，憲法で定められているさまざまな基本権は，実定法の権威主張を解除する手段となります。そこで裁判官が行っているのも，現実をまっすぐに見つめて言うならば，自らの実践理性を起動させて，実定法の適用を排除することです。この点については，第**8**章，第**9**章，そして第**11**章で立ち戻って考えます。

ケルゼンの根本規範

2　SECTION **3**

　裁判官にあてはまることは，一般市民にもあてはまります。法は権威だと主張しますし，自分の判断に即して行動するのはやめて法の指示どおりに行動しろと要求します。しかし，その要求に従うべきか否かを最後に判断するのは，やはり1人1人の市民です。裁判官と同じです。市民であるからといって，人であることをやめるわけにはいきません。

　もちろん，それなりにまっとうな民主国家で生きている以上は，法律の定めどおりに日々を暮らすことは，常識にもかなっているし，他の市民たちに負う道徳上の義務でもあることが普通でしょう。だいたいの人たちが法の指示どおりに税金を納めているのであれば，自分もそうする。世の中そういうものでしょう。

　それでも，どうしてもこの法律の結論には異議があるというときは，その法に意図的に違背する行動をとったり，法の効力を否

定するように求めて，裁判を起こすこともできます（裁判所の判断が正しいとも限らないわけですが）。法理論の世界で使われる専門用語で言えば，一般的な法遵守義務があるわけではない——あらゆる実定法に必ずいつも従わなければならないわけではない——ということになります。

　私は，これが多くの一般の人たちがとっている良識にかなった考え方だと思っているのですが，そうではないという立場もあります。一見したところ，**ハンス・ケルゼン**は，そうした立場をとっているようです。

　ただ，ケルゼンという人は一筋縄ではいかない人で，幾重にも前提や条件を設定して自分の立場を多重防御しています。彼が出発点とするのは，事実問題として，普通の社会で暮らす普通の人は，法律にしろ条例にしろ判決にしろ，実定法は実定法であるということだけで，すべて遵守する義務があると考えているということです。今も言ったとおり，私はこの出発点自体を疑っているのですが，それでは話が先に進みませんから，とりあえず，そうだということにしましょう。

　で，なぜ普通の人々はそう考えているかということですが，それぞれの実定法が内容において適切なものだからという理由づけに頼ることはできません。実定法の内容が正しいか否かは，個別の実定法によりけりですし，そもそも道徳的

ハンス・ケルゼン

Hans Kelsen（1881–1973）は，オーストリア出身の法学者。1920年のオーストリア憲法の起草にたずさわり，同憲法の下に置かれた憲法裁判所の裁判官を務めました。主著に『法と国家の一般理論』『純粋法学』等があります。

判断はカントが指摘するように（第**5**章**2**参照）人によってまちまちですから。となると，実定法を遵守すべき義務は，とりあえずは，実定法秩序の内部の問題として，秩序の中を上へ上へと遡って答えを探っていくことになります。

つまり，裁判所の判決になぜ従うべきかと言えば，その判決が法律に即した判決だからです。なぜ法律に従うべきかと言えば，その法律は憲法に従って制定された法律だからです。ではなぜ憲法に従うべきかと言うと，その1つ前の憲法の定める手続に従って制定された憲法だから……と説明は続いていくわけですが，この説明はそのうち袋小路に陥ります。歴史的に最初の憲法まで遡ると，それ以上，なぜその憲法に従うべきかの根拠を求めることができなくなります。

ここでケルゼンが示す結論は，実定法は実定法であるがゆえに遵守すべきだと考えている人々は，その思考の前提として，「歴史的に最初の憲法には従うべきだ」という前提を置いているのだというものです。彼はこの前提を「根本規範 Grundnorm」と呼んでいます。

ケルゼンは，実定法は人の行動を規律する規範であり，規範である以上は拘束力があり，拘束力がある以上は人を義務づけており，義務づけている以上は，人々は実定法を遵守しなければならないと考えている，という風に議論を展開します。そうであるからには，アナーキストなど特殊な思想を持つ人を除いて，社会生活を送る普通の人たちは，彼の言う根本規範を前提として生活しているのだというわけです。

　念のためですが，ケルゼン自身があらゆる実定法は遵守すべき
ものだと考えているというわけではありません。彼によれば，法
律学は科学であって，科学である以上，こうすべきだとかああす
べきだとかという人の行動を方向づけようとする規範的な問題に
ついて結論を下すべきものではありません。核爆弾をどうやって
作ることができるかを探究するのは科学者の任務だが，核爆弾を
一般市民に対して使用すべきかどうかを判断するのは科学者の任
務ではないという議論とよく似ています。たしかにそういう立場
もあり得るでしょうが，科学者は，人であることをやめることが
できるのでしょうか。

　いろいろな点で，ちょっとそこまではついていけない，という
議論なのですが，とてつもなく首尾一貫している点では，端倪す
べからざるところがあります。

参　考　文　献

　アリストテレスのことばは，『ニコマコス倫理学（上）』〔高田三郎
訳，岩波文庫，1971〕209頁［第5巻第10章1137b］からのものです。
英米法で言われるエクイティ（equity）という概念とも関連してい
ます。プラトンのことばは，『ポリティコス（政治家）』〔水野有庸訳，
岩波書店，1976〕316-317頁［294B］からのものです。

　ケルゼンの根本規範に関する議論は，『法と国家の一般理論』〔尾
吹善人訳，木鐸社，1991〕の200-202頁にあります。ケルゼンの議

論をハートの議論と対比する解説として，拙著『法とは何か——法思想史入門〔増補新版〕』〔河出ブックス，2015〕第7章「法の規範性と強制力——ケルゼンとハート」があります。

　ケルゼンが，実定法に従うべきか否かを各人の道徳的判断によって結論づけるべきではないと考えた背景には，彼がその理論を組み立てたのが，さまざまなイデオロギーが激烈に対立する戦間期のヨーロッパだったという事情があると思われます。そうした状況で，各人がそれぞれの道徳的判断に従って実定法を無視して行動し始めたら，とてつもなく恐ろしい事態が立ち現れそうです。しかし，だからと言ってあらゆる実定法に必ず従うべきだとすると，怪しいイデオロギーで凝り固まった人たち——たとえばナチス——がたまたま政権を奪取しておかしな実定法を次々制定し始めたときも，それに従うしかないということになります。両方のリスクを考える必要があります。

　ちなみに，日本国憲法の内容上の正当性を支える根本原理とされる，基本的人権の尊重，国民主権，平和主義の3つの原則が，憲法の根本規範だと言われることがありますが，これはケルゼンの言う根本規範とは意味も役割も全く異なるものです。

発展問題

　みなさんの身近に，決まったルールのとおりにすることが，不適切な結論を導くように思える問題はあるでしょうか。そうした問題に出会ったとき，みなさんならどうしますか？

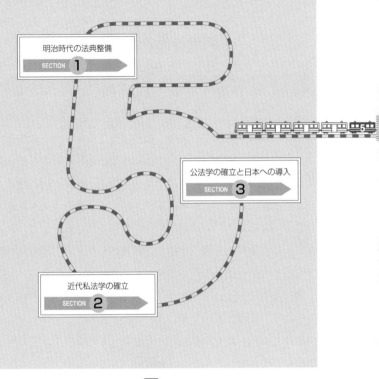

第 **5** 章

いろいろな法分野

　一口に法と言っても，いろいろな分野があります。近代ドイツ法学の発展過程やその日本に及ぼした影響の経緯を参照しながら，いろいろな法分野とそれらの関係について説明します。

明治時代の法典整備

SECTION **1** 2

　法学部の入学案内や，入学した後に渡されるシラバス等を見ると，一口に法学と言っても，いろいろな法分野があることが分かります。代表的な法律科目は，民法，刑法，商法といったところです。それに加えて，民事訴訟法，刑事訴訟法といった訴訟法の科目があります。少しばかり毛色の変わった科目として，政府と市民との法律関係を扱う憲法と行政法があります。国家間の関係を主として扱う国際法もあります。

　他にもさまざまな法分野がありますが，これらはたいていは，ヨーロッパ起源のものです。本章では，日本にヨーロッパ起源の法が取り入れられた経緯に触れながら，これらの法分野の相互関係についてお話ししましょう。

　みなさんが高校までの日本史で勉強したように，江戸幕府は鎖国政策をとりました。清や朝鮮，オランダなどとの交流はありましたから，完全な鎖国ではありませんが，それでも他国との交流はしないという基本方針がとられたわけです。背景についてはいろいろな説明がされていますが，現世よりも来世のことが大事だと説くキリスト教思想が，現世における圧倒的武力（だけ）を支配の正当化根拠とする江戸幕府にとって大変に都合の悪い思想であったために，その流布を遮断することが主な目的だったと言わ

れます。

　アメリカのペリー提督が 1853 年に東インド艦隊をひき連れて浦賀に来航し，開国を要求したことから，鎖国政策は転換を余儀なくされます。圧倒的武力以外に支配の正当化根拠を持ち合わせていなかった幕府が，それを上回る武力の威嚇により，長年にわたる国家の基本政策を転換せざるを得なくなったことから，幕府の権威は大きく揺るがされました。

　その後の経緯はみなさんが知っているとおりです。尊皇攘夷を旗印とした西日本の雄藩は，幕府を武力で倒して政権を奪取します。しかし，成立した明治新政府にとっての主要な課題は，まずは何百もの藩に分割されていた国家を統一して国家としての独立を守ること，そして，幕府が西欧各国と締結した不平等条約を対等な関係の条約へと改定することでした。

　明治へと元号が改められたのは 1868 年のことです。同じ頃に，それまで多くの諸邦に分割されていた国土を統一して近代国家への歩みを始めた国として，イタリアとドイツがあります。イタリア王国がローマを併合して統一を完成したのは 1870 年，ドイツ帝国が成立したのは 1871 年です。日本で廃藩置県が施行されて体制が統一されたのは 1871 年ですから，それほど遅れて近代化を開始したわけではありません。国土の統一が必要であったのは，規模の大きな市場を確保するという経済政策上の理由もありますが，何よりそうしなければ，他国の軍事的圧力に対抗して国としての独立を保つことがおぼつかなかったという安全保障上の理由があります。

　さてこの当時の各国の軍事戦略は，徴兵制を通じて大量の兵員を確保することを基本としていました。「戦争は別の手段による政治の継続」だというクラウゼヴィッツのことばはよく知られています。国の政策目標の実現手段である戦争にいつ駆り出されるか分からない立場に置かれた一般市民は，政治の場への参加を当然，求めるようになります。国民を代表する議会を設立し，そこで政府の政策を説明する責任を果たす政治体制が必要となります。近代国家建設には，国民一般の政治的エネルギーを結集することも必要です。となると，憲法を制定し，議会と政府の関係をどのようなものとするか，定める必要があります。1875 年に政府は，漸次立憲政体樹立の詔を発し，伊藤博文を中心とする作業チームの起草した大日本帝国憲法が 1889 年 2 月 11 日に発布されました。

　憲法制定の背景として，不平等条約の改定の必要性がありました。しかし，関税自主権の回復と領事裁判権の廃止の条件として，西欧各国は，日本が西欧各国にならった近代的な法秩序を整備することを求めました。政府が各種の法典の整備に努めたのは，そのためでもあります。法典の 1 つとして，他の法典を制定する根拠となる憲法典も必要となります。

近代私法学の確立

SECTION **2**

1 3

　日本がこの時期に導入した各種の法典や法律学は，フランス，ドイツ等，いろいろな国々の法制度や法律学にならったものです。中でもドイツの影響が大でした。

　民法を中心とする法分野を広く，私法と呼びますが，近代的な私法がドイツで確立したのは，19世紀の前半のことです。その際，大きな影響を与えたのは，**イマヌエル・カント**の法理論でした。

　カントの法理論は彼の道徳理論を前提としています。カントの道徳理論は，「定言命法 categorical imperative」の要請によって知られています。

　カントの描く個人はとことん自律的です。彼によると，人は道徳的な判断をするにあたって，自分なりのきまり（格率）を定めるものです。自分の利害や趣味・嗜好はもちろん，他人に言われたことや，世間でそうなっていることを鵜呑みにすべきものではありません。

　さらに，人が自分なりの格率を定める際には，そうした格率があてはまることをすべての人が承知しているとして，それでもなお格率として成り

イマヌエル・カント

Immanuel Kant（1724-1804）はドイツの哲学者。ケーニヒスベルク大学教授。主著に『純粋理性批判』『実践理性批判』『人倫の形而上学の基礎づけ』『人倫の形而上学』等があります。

立つものでなければなりません。それが，定言命法の要請です。

　たとえば，現下の金銭的苦境を乗り切るために，知り合いに返すあてのない借金をしようとする際，必ず返すからと約束することは許されるでしょうか。そうした状況では，嘘をついてでも借金をして構わないという格率があてはまることをすべての人が承知しているとしましょう。そうであれば，誰もそんな嘘にだまされることはないはずです。つまりこの格率は，定言命法の要請に照らすと，そもそも成り立ち得ない格率であることが分かります。

　カントは，人は誰もがこの定言命法の要請をいつも念頭に置いて道徳的な判断をしているため，日常生活で判断に迷うことはないのだと言っています。ただ，定言命法の要請を守っていれば，あるべき格率がただ１つに決まるというわけではありません（そういう誤解をする人は，きわめて高名な哲学者の中にも少なからずいますが）。

　たとえば，困っている人を助ける義務は私には全くないのだ，という格率は，いずれは誰もが困った事態に陥ることは確実なので，定言命法の要請に照らすと成り立ち得ない格率です。しかし，では，どんな格率なら受け入れ可能でしょうか。親類縁者が困っていたら助ける，同じ村に住んでいる人が困っていたら助ける，十分に自助努力をした末，なお困っている人がいたら助ける等，いろいろな格率が受け入れ可能のように思われますが，そのうちのどれをとるべきか，定言命法の要請はそれを教えてくれません。

　つまり，定言命法の要請は，きわめておかしな，到底成り立ち

得ない格率を排除する役には立ちますが，それなりに理由があると思われる多数の，しかも相互に衝突する格率のうち，いずれを選ぶべきかを教えてくれません。このため，人がそれぞれ道徳的に正しいと真摯に考えることをそれぞれ実行し始めると，この世の中は，異なる道徳格率の激しい衝突の結果，万人の万人に対する戦争状態になってしまうと，カントは指摘します。

この深刻な困難を乗り越えるために必要なのは，あらゆる人が，すべての人に同様にあてはまる1つの客観的法秩序に従うと約束することです。この法秩序は，それぞれが自分の道徳的判断に即して自由に行動できる範囲を各人に平等に割り振ります。カント流の社会契約論だということになりますが，この社会契約は，人として社会生活を送ろうとする以上は必ず加入する義務があるという社会契約です。NHKの受信契約に似ています。

フリードリヒ・カール・フォン・サヴィニーや**ゲオルク・フリードリヒ・プフタ**といった，19世紀前半のドイツを代表する法学者は，ロマニステン（ローマ法学派）と呼ばれることがありますが，彼らは古典古代のローマ法のありようよりはむしろ，このカントの基本理念に従った法秩序と法律学の樹立を目指しました。各人に平等に割り振られる自由な行動の範囲は，第一次的に

フリードリヒ・カール
・フォン・サヴィニー

Friedrich Karl von Savigny（1779
-1861）は，ドイツの法学者。歴史
法学派の確立者とされます。主著に
『占有権論』『現代ローマ法体系』等
があります。

ゲオルク・フリードリヒ・プフタ

Georg Friedrich Puchta（1798-
1846）は，ドイツの法学者。ベルリ
ン大学教授。主著に『パンデクテン
教科書』『現代ローマ法講義』等があ
ります。

は私法によって割り振られますが，その割り振りを安定的に保障するには，当然，刑法のバックアップも必要です。自分の所有物を他人に奪われたときは，それを回復する私法上の請求権もなければなりませんが，そうした他人の行為を窃盗や強盗として取り締まる警察の活動や，刑罰を科す裁判所の活動も必要となります。

公法学の確立と日本への導入

2 SECTION **3**

　こうして成立した私法の体系は，19世紀の後半には，公法の分野に移植されます。中心になったのは，**カール・フリードリヒ・フォン・ゲルバー**と**パウル・ラーバント**という2人の法学者です。ゲルバーはもともと民法学者，ラーバントは商法の著名な学者でした。それまでの公法学は，哲学や歴史や時局の問題に関する政治評論の寄せ集めで，学問の体をなしていないと考えられていました。

　ゲルバーとラーバントは，私法の世界から法人[1]という観念を取り上げて，公法学に移植しました。彼らによると，銀行や自動車

カール・フリードリヒ・フォン・ゲルバー

Carl Friedrich von Gerber（1823-1891）は，ドイツの法学者。主著に『ドイツ国法綱要』等があります。

パウル・ラーバント

Paul Laband（1838-1918）は，ドイツの法学者。ケーニヒスベルク大学，シュトラスブルク（ストラスブール）大学で教えました。主著に『ドイツ帝国国法論』があります。

会社のような株式会社が法人であるのと同様に，国家も法人です。標準的な法人は，人々が一定の目的の下に集合して設立し，その機関として行動する人々——株式会社であれば，代表取締役等——がどのように選任され，どのような権限を持つかを，定款を通じて定めます。同じように，標準的な国家は国民をメンバーとする法人であって，議会や政府，君主等の機関がどのように選任され，どのような権限を持つかを，憲法を通じて定めているというわけです。つまり憲法は国家という法人の定款です。

こうして，法律は国家という法人の意思決定を示すものとされ，政府や裁判所は，その意思決定を執行するものと考えられます。君主，大臣，議会の議員，裁判官等の相互関係や選任の手続も，法人の機関相互の関係や選任の手続とみなされ，理解されます。こうした理解にそぐわない文言や規定が憲法典の中にあらわれたとしても，それは単に「政治的」なものとして法律学の外側に括り出され，廃棄されます。公法学は法人概念を通じて，法律学として純化されなければなりません。今でも，憲法の教科書にはときどき，「政治的」ということばが出現しますが，たいていの場合，法的な意味はないという侮蔑的な意味合いで用いられています。

ゲルバーとラーバントがこうして確立した法理論——国家法人理論と呼ばれます——は，日本では美濃部達吉が中心となって導入・紹介しました。ただ，この法理論は，大日本帝国憲法と同

---

1)　自然人ではないのに権利義務の主体とされるものを法人といいます。

時に導入されたもう1つの法理である君主制原理（monarchisches Prinzip）と大変に相性の悪いものでした。日本では，天皇主権原理と呼ばれるものです。

　君主制原理は，フランスでナポレオンが退位した後，ブルボン家のルイ18世が1814年に亡命から復帰して定めた憲章（charte）で明文化された原理です。国家権力のすべては，もともと君主が掌握しているものですが，それを行使する際は，君主自身が定めた欽定憲法に沿って行使するという原理です。大日本帝国憲法では，第4条が次のように定めています。

> 　天皇ハ国ノ元首ニシテ統治権ヲ総攬シ此ノ憲法ノ条規ニ依リ之ヲ行フ

　君主制原理が文字どおりに宣言されています。「総攬」するとは，すべてを掌握するという意味です。

　他方で，国家法人理論からすると，統治権は君主でも誰でもなく，法人として捉えられた国家自体に帰属するもので，天皇もその1つの機関にすぎません。一見したところ憲法の明文の規定に反することになりそうですが，美濃部はそんなことでひるむような人ではありませんでした。「憲法ノ文字ニ依リテ国家ノ本質ニ関スル学問上ノ観念ヲ求メントスルガ如キハ憲法ノ本義ヲ解セザルモノナリ」と断言しています（同『憲法撮要〔改訂

美濃部達吉

美濃部達吉（1873-1948）は，東京帝国大学で憲法・行政法を教えました。主著に『憲法撮要』『逐条憲法精義』『憲法講話』等があります。

第5版』〔有斐閣，1932〕23頁）。国家法人理論で説明のつかない文言がたとえ憲法の条文上あらわれたとしても，それは「政治的」な意味を持つにすぎません。

美濃部の学説は天皇を使用人扱いするものだという国粋主義者による攻撃を受け，1935年の天皇機関説事件で，彼の著作は発売禁止となり，彼自身は貴族院議員の辞任に追い込まれました。

日本が第二次世界大戦で敗れたことにより，天皇主権原理は国民主権原理に置き換えられました。

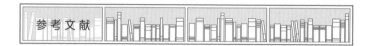

参考文献

日本が近代国家への歩みを進めるためにさまざまな法制を整備した経緯については，川口由彦『日本近代法制史〔第2版〕』〔新世社，2014〕が参考になります。

戦争と国家体制，戦争と法の間には，密接なつながりがあります。拙著『戦争と法』〔文藝春秋，2020〕の第3章，第4章および第7章をご覧ください。

カントの法理論は，『人倫の形而上学』〔樽井正義＝池尾恭一訳，岩波書店，2002〕で展開されています。彼の議論は特殊な用語を使うこともあって，なかなか理解しづらいところがあります。解説として，さしあたり拙著『憲法の円環』〔岩波書店，2013〕第4章「カントの法理論に関する覚書」をご覧ください。より簡単な解説としては，拙著『法とは何か──法思想史入門〔増補新版〕』〔河出ブック

ス，2015〕第 5 章「永遠に完成しない国家——イマヌエル・カント」
があります。

　カントの法理論とサヴィニーの議論との関連については，拙著
『憲法の論理』〔有斐閣，2017〕13 頁以下「権利の機能——その 3 :
社会生活の基本的枠組み」をご覧ください。

　近代以降のローマ法学と古典古代のローマ法の実際の姿との間
に距離があったことは，パリ大学で法哲学を講じたミシェル・ヴィ
レイによって，強烈かつ極端な論調で指摘されました。古典古代の
ローマに，近代以降の法律学で言う「権利」という観念が存在しな
かったとの彼の主張は広く知られています。ヴィレイの議論につ
いては，とりあえず，前掲拙著『憲法の円環』第 3 章「法・権利・
財産——ミシェル・ヴィレイの法思想に関する覚書」をご覧くださ
い。

　国家法人理論と君主制原理の対抗関係については，前掲拙著『憲
法の論理』第 14 章「大日本帝国憲法の制定——君主制原理の生成
と展開」をご覧ください。憲法の教科書の中には，時折，国家法人
理論は過去の学説でその役割を終えたという調子の記述が見られま
すが，国家法人理論抜きで国家をめぐる法的事象をいかに説明し，
理解することができるのか，謎としか言いようがありません。

　1 人の君主が国家権力をすべて掌握（総攬）しているという言明
は理解可能ですが，何千万，何億という国民が全国家権力を掌握し
ているという言明がどのような事態と対応しているのか，理解する
ことは困難です。国民主権ということばは，国政を運営するにあ
たって，為政者は国民に対して正確な事実にもとづいて説明する責
任があること，運営や説明に失敗したときは，選挙等によってその
地位を追われ得る立場にあることを指すことばとして理解すべきで

しょう。

　多数の国民が国家権力を掌握しているという事態を法的に理解しようとすれば，多数の国民から構成される法人としての国家が国家権力を掌握しているという美濃部流の理解に行き着くことになると思われます。

発 展 問 題

　図書館で美濃部達吉『日本行政法（下）』〔有斐閣，1940〕の目次を見て，そこで扱われているいろいろな問題は，現在ではどの法分野で扱われているかを考えてみてください。

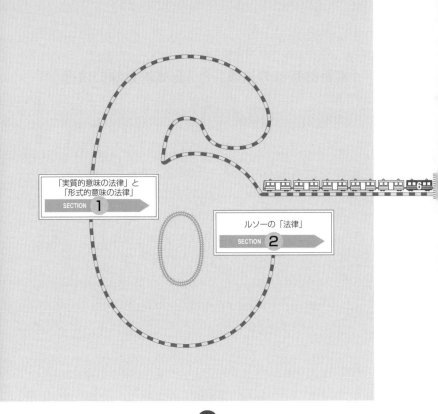

「実質的意味の法律」と
「形式的意味の法律」
SECTION **1**

ルソーの「法律」
SECTION **2**

第 **6** 章

法　　律

　典型的な法と言えば法律です。法律は誰がどのようにして作るものか，
そもそも法律とは何を意味するのか，それを説明します。

「実質的意味の法律」と「形式的意味の法律」

SECTION **1** 2

法律ということばは，いろいろな意味で使われます。「あの人は法律にくわしい」とか，「これは法律問題だ」と言われるときは，法一般のことを漠然と指して使われています。

　より厳密な意味で使われることもあります。たとえば，日本国憲法の59条1項は次のように定めています。

> 法律案は，この憲法に特別の定のある場合を除いては，両議院で可決したとき法律となる。

　国会の両院（衆議院と参議院）の可決によって成立する法が「法律」と呼ばれることが分かります。そうでないものは，法ではあっても，「法律」ではないわけです。たとえば，内閣が定める「政令」（憲法73条6号），内閣が締結する「条約」（憲法73条3号），地方公共団体が制定する「条例」（憲法94条）は，いずれも法の一種ではありますが，法律ではありません。

　他方，憲法41条は，「国会は……国の唯一の立法機関である」と定めています。「立法」とは，広く法の制定を指す意味で使われることもありますが，国会が制定できるのは59条が定めるように法律ですから，ここでの「立法」は法律の制定のことになり

第**6**章 ● 法 律

そうです。法律を制定することができる機関は，国会だけだというわけです。

ただ，59条の規定からして，法律を制定できるのは衆参両院からなる国会だけだということは当然です。それに重ねて41条が国会だけが法律を制定できると定めていることの意味は何でしょうか。

実は，41条で想定されている「法律」と59条の定める「法律」は，意味内容が違うと考えられています。もし41条の想定する法律が59条の定める法律と同一であれば，41条が言っていることは，「国会は，国会が制定することのできる法律を定めることのできる唯一の機関である」ということになって，ただのトートロジーになります。そんな定めを憲法がわざわざ置いているとは考えにくいところがあります。

そういうこともあって，標準的な41条の理解は，次のようなものです。

国会は，国会が制定すべき法を「法律」という形式で制定する唯一の機関である。

これなら，意味はありそうです。少なくともトートロジーではありません。

次の問題は，「国会が制定すべき法」とは何かです。これを実質的意味の法律と言います。これに対して，59条のいう「法律」は，形式的意味の法律と呼ばれます。法律という名前で呼ばれる

法ということです。

41条が言っているのは，実質的意味の法律は形式的意味の法律で定められるべきだということです。別の言い方をすると，特定の内容の法は，国会だけが，法律という名前のついた法として制定することができるということになります。

19世紀のドイツの公法学から輸入された考え方によると，実質的意味の法律とは，国民の権利義務に関係する法です。第5章3で説明したように，当時の有力な考え方は，君主制原理です。国家権力はそもそもすべて君主が掌握しているが，それをいざ行使する際は，君主自身が定めた（欽定した）憲法の条規に即して行使するという考え方です。

この考え方に即して構成された国家体制を制限君主制と言います。制限君主制の下では，政府は国民に対してではなく，君主に対して責任を負い，君主によって任免されます。裁判は，君主の名において，裁判官が行います。ただ，国民の権利義務に関する法は，少なくとも1院が国民の選挙によって構成される議院の議決した法律という形式をとるべきことになっていました。刑法典や民法典，租税を徴収する根拠となる租税法典がその典型です。

国民の権利義務に関わる法を新たに定めるには，国民を代表する議会の同意を得ることが必要だという考え方は，中世ヨーロッパに遡ることのできるものです。「ローマ法大全」に収められた『勅法彙纂』にあらわれる「すべての者に関係することがらについては，すべての者の同意を要する quod omnes tangit ab omnibus approbetur」という法諺が典拠として引かれることが

あります。

　単純に考えれば，圧倒的な武力を備えた政府は，同意の有無に関係なく税金を徴収したり，義務を新たに課したりすることができそうですが，同意を得た上でことを進めた方が，いろいろなことがスムーズに進むでしょうし，無理やりに税金を徴収しようとしてその地位を追われた君主も古来少なくありませんから，こうした手続を踏むことは，君主自身のためにもなります。

　国民の権利・義務に関わる法は，議会の制定する「法律」の形式によることを要するという考え方は，「侵害留保」の原則と言われることがあります。ドイツ語の Eingriff を「侵害」と訳しているわけですが，少し狭く訳しすぎという感じがしないでもありません。国民の義務の程度をより緩やかにしようとするときにも，法律の改正の形式をとる必要がないわけではないでしょうから。

　また，国民の権利・義務に関わる法を指して「法規 Rechtssatz」と呼ぶこともあります。Satz には命題という意味もありますが，実質的意味の法律には，「……すべし」という，人の行動を指示・規律する法規範の意味合いが含まれており，単に事態を記述しているだけの命題ではありませんから，この文脈で Rechtssatz を「法命題」と訳すのは，日本語として適切とは言えません。

　美濃部達吉によると，「朕ハ我カ臣民ノ権利及財産ノ安全ヲ貴重シ及之ヲ保護シ此ノ憲法及法律ノ範囲内ニ於テ其ノ享有ヲ完全ナラシムヘキコトヲ宣言ス」という大日本帝国憲法の上諭の宣言は，侵害留保の原則を宣言したものです（同『憲法撮要〔改訂第5

版』〔有斐閣，1932〕179 頁）。

　第5章2で説明したカントの法理論からすると，国家の定める客観的法秩序は，国民1人1人に，各自の判断に即して自由に行動することのできる範囲を平等に確保し，保障するものでした。この客観的法秩序の主な構成要素となるのが，議会の承認を得た形式的意味の法律だということになります。

　こうした考え方が，日本国憲法の下でも基本的に引き継がれているわけです。もちろん，旧憲法（大日本帝国憲法）と全く同じではありません。日本国憲法は国民主権原理（1条）に立脚しています。政府の構成員も国会議員も，その政策と行動について，国民に対して正確な事実にもとづいて説明する責任がありますし，責任を問われてその地位を追われることもあります。

　成立して法律となる法案の大部分を立案するのは内閣および閣僚の指揮下にある行政各部（各省庁）です。こうした法案は，国会への提出に必要な閣議決定に先立って，立法内容が妥当か，憲法などほかの法令と整合性はとれているか等の点について，内閣法制局による審査を受けます（内閣法制局設置法3条1号）。議員提出法案の場合は，衆参の議院法制局が立案の補助にあたります。少なくとも議院内閣制をとる国家では，成立する法案の大部分が政府提出法案である点で変わりはありません。

　君主制原理（天皇主権原理）ではなく，国民主権原理をとる日本国憲法の下でなお，侵害留保の原則を維持する意味があるのかという疑問が提起されることがあります。しかし，この原則がなくなってしまうと，たとえば本来，法律で定めるべきことを，内

閣が制定する政令（憲法73条6号）以下の行政命令に委ねる際に——国会が法律で特別に委任すれば，政令等でも実質的意味の法律を定めることができると考えられています——どこまでの権限を委任することができるか，また，その際，どのような指針を法律であらかじめ与えておくべきかを考える手掛かりが全く失われてしまうおそれがあります。まるごと政令以下に白紙委任したとしても，国会が法律でそう決めたことだから仕方がないということになりかねません。

ある原則が生成するにあたっての歴史的経緯が何かという問題と，現時点でのその原則の有効性の問題は切り分けて考える必要があります。

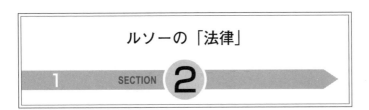

ルソーの「法律」

SECTION 2

1

日本国憲法41条と関連してしばしば引き合いに出されるものとして，ジャン-ジャック・ルソーが『社会契約論』の中で描いた「法律 loi」があります。ただ，ルソーの言う「法律」は，特殊な文脈における特殊な意味合いのもので，日本国憲法で言う「法律」と直ちに同一視することはできないものです。

> **ジャン-ジャック・ルソー**
>
> Jean-Jacques Rousseau (1712–1778) は，ジュネーヴ出身で，フランスで活動した哲学者。主著に『人間不平等起源論』『社会契約論』『エミール』等があります。

『社会契約論』のおおまかな議論の筋道は次のようなものです。人間はもともと自然状態，つまり国家のない状態で暮らしていました。ただ，そうした状態では，いろいろと困ったことが起こります。泥棒に持ち物を盗られても誰も取り締まってくれないとか，家が火事になっても消防隊が駆けつけて消火してくれるわけではないとか。

そこでこうした問題を解決するために，人々は結集して国家を設立することにします。それが社会契約です。契約と言っても野菜の売買やアパートの賃貸借のような契約ではありません。すべての人が同じ内容の諸条項を遵守することを誓約することで，新たな集合体（法人）を設立することです。ルソーが『社会契約論』で提起した問題は，人々が国家の支配の下でも，自然状態と同様に自由であるためには，その社会契約はどのような内容のものでなければならないか，というものでした。

この問題を解く鍵は，国家は法人であり，頭の中の約束ごとだという点にあります。法人は，約束ごとですから，自分自身で意思決定をしたり，行動したり，人と交渉したりすることはありません。機関と呼ばれるいろいろな人の決定を国家の意思決定とみなし，機関の行動を国家の行動とみなすというルールが前提となって，はじめて国家としての意思決定や行動が可能となります。そのルール（の総体）が「法律 loi」です。この法律を定める際には，すべての市民が参加すべきだとルソーは言います。すべての市民が参加して制定した「法律」にもとづいて国家は行動するわけですから，その国家の支配に服するとき，市民は結局，自分自

身の決定に服していることになります。つまり，自然状態と同じように自由で自律的だということができます。

　いろいろとアナのある議論ではあるのですが，そのアナを埋める理屈も，ルソーはそれなりに提示しています。それはともかく，ここでのポイントは，彼の言う「法律」は，実は，私たちの考える憲法に相当するものだということです。国家の基本的枠組みを定め，国家機関の選任や権限のあり方を定めているわけですから，そうなります。そのことは，『社会契約論』のさまざまな記述からも裏付けることができます。

　というわけで，『社会契約論』での「法律」に関する議論は，そのままの形で日本国憲法下での法律の内容や制定に関する議論に応用するわけはいきません。法律の制定にはすべての市民が参加する国民投票がふさわしいとか，せめて国会議員の発言や投票を出身選挙区の選挙民がコントロールする「命令委任 mandat impératif」の制度を採用すべきだという憲法解釈論に，しかもルソーをその根拠として引き合いに出す憲法解釈論に出会ったときには，果たしてそのまま鵜呑みにしてよいものか，慎重に検討する必要があります。

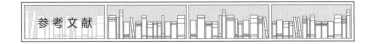

　君主制原理と侵害留保の関係については，拙著『憲法の論理』〔有

斐閣，2017〕第14章「大日本帝国憲法の制定——君主制原理の生成と展開」をご覧ください。

　形式的意味の法律と実質的意味の法律を区別する以上は，実質的意味の法律ではないが形式的意味の法律ではあるものが存在し得ることになります。

　もともとこの区別は，パウル・ラーバントが，プロイセン憲法やドイツ憲法で，予算は法律として議決するとされていた規定について，ここでいう法律は形式的意味の法律ではあっても，実質的意味の法律ではないと主張したことに起源があります。予算は国民の権利義務に関連するものではなく，政府が一定の歳出を行うことについて，議会がその責任をあらかじめ免除する意味を持つにすぎないというわけです。そのため，かりに議会が政府の提出した予算案を可決しない場合でも，政府は有効に歳出を行うことができるとラーバントは主張しました。戦前の日本で，予算行政説と呼ばれていた立場です。こうした戦前における議論については，宮沢俊義「ドイツ型予算理論の一側面」（同『憲法の原理』〔岩波書店，1967〕所収）をご覧ください。

　ルソーの loi に関しては，さしあたり，拙著『憲法の階梯』〔有斐閣，2021〕第5章「国の政治のあり方を最終的に決定する力——リチャード・タック『眠れる主権者』について」をご覧ください。

　ルソーの『社会契約論』に関するより簡単な解説として，拙著『法とは何か——法思想史入門〔増補新版〕』〔河河ブックス，2015〕第4章「自由を保全する国家——ジャン・ジャック・ルソー」があります。「法」とか「法律」ということばに出会ったとき，すぐに現代日本の法律のことを想定すると，とんでもない思い違いをすることになりがちです。

ルソーの本来の議論の文脈と乖離した形での憲法解釈論が展開されることがあるのは，実は，フランスの憲法学界でも同様です。日本の憲法学界だけではありません。そのあたりの消息については，拙著『憲法の円環』〔岩波書店，2013〕第7章「世代間の均衡と全国民の代表」をご覧ください。

　ルソーの『社会契約論』の邦訳はいろいろあります。私は学生さんには，井上幸治訳〔中公文庫，1974〕をおすすめしています。「国法の諸原理 principes du droit politique」という副題の訳から始まって，行き届いた工夫があります。

　日本国憲法41条に関する本格的な解説として，長谷部恭男編『注釈日本国憲法 (3)』〔有斐閣，2020〕「41条」〔宍戸常寿〕があります。簡単な説明として，拙著『憲法講話』〔有斐閣，2020〕278頁以下「国会の地位」があります。

　「すべての者に関係することがらについては，すべての者の同意を要する quod omnes tangit ab omnibus approbetur」という法諺ですが，『勅法彙纂』5.59.5.2-3 におけるそもそもの意味は，未成年者など自分の財産を自分で十分に管理できない人の財産を管理するために後見人が複数選任された場合，通常の後見事務はそれぞれの後見人が行うことができる一方，後見の終了のようにすべての後見人に関係することがらについては，すべての後見人の同意を要するという趣旨のものです。法律の制定や租税の徴収とは何の関係もありません。ただ，こういうことは，ラテン語の法諺が引用されるときは，間々あることです。一々気にしているときりがありません。

　制限君主制の対立概念は，「絶対君主制 absolute monarchy」です。absolute ということばは，法から「解き放たれた absolved」，つまり法によって制約されていない状態であることを意味します。

「絶対」と言われても，何のことだか分かりません（そうではありませんか？）。ただ制限君主制も，君主自身が定めた憲法で制限されているだけですから，絶対君主制との違いは程度問題でしょう。

発展問題

　　自分自身（だけ）によって縛られている人は，本当に縛られているのでしょうか。毎日朝20分間ジョギングすることをルールとしている人は，そのルールに即して行動しているのでしょう。でも，その気になればいつでもジョギングはやめられるのではないでしょうか。そんなルールは本当にルールと言えるでしょうか。みなさんの身近に，似たようなルールはないでしょうか。それは本当にルールですか？

　　大日本帝国憲法は，憲法を改正するには，衆議院・貴族院のそれぞれ3分の2以上の議員が出席した上で，出席議員の3分の2以上の多数で議決することが必要だと規定していました（73条2項）。しかし天皇は，もともとは全国家権力を掌握しているのですから，その気になれば，こんな手続に縛られずに憲法を変えても構わないのではないでしょうか。同じことは，現在の日本国憲法の下で主権者だ（憲法1条）ということになっている国民についても言えるでしょうか。

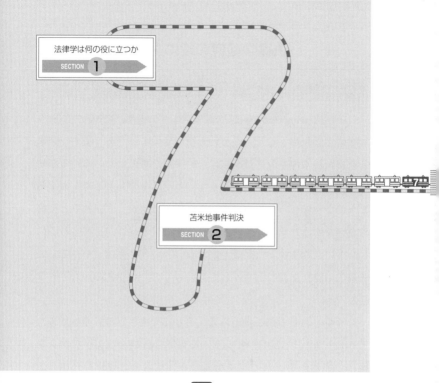

第 **7** 章

裁 判 (1)

⬤苫米地事件で考える⬤

　法と言えば裁判です。裁判は誰が，どのような場合に，どういう方法
で開始することができるのか，衆議院の解散の合憲性が争われた苫米地
事件を素材として説明しましょう。

法律学は何の役に立つか

SECTION **1** 2

　法律学を勉強すると，いろいろ役に立つことがあります。国家公務員試験や地方公務員試験に合格するためには，いろいろな法律科目を勉強する必要があります。サラリーマンとして生活するようになっても，自分の労働法上の権利は何か，取引相手と契約の交渉をするときに，どんな点に気をつけるべきかを考える際のヒントになります。なかなか眠れないというときは，ややこしい法律学の論文を読むとすぐに眠りにつくことができるかもしれません。

　もう少しおおまかな点から考えると，今まで本書で述べてきたように，近代以降の法秩序は，人々が内心でどのような信念を持っているかを問題にしません。それは各自の信教の自由，思想・良心の自由に任されています。みなさんが高校生までの生活で付き合ってきた人たちは，親兄弟にしろ同級生にしろ学校の先生たちにしろ，どんな性格でどんな信念の持ち主か，普段どんな生活を送っている人たちか，だいたいのところは承知した上で付き合ってきたでしょう。

　しかし，大人になって社会生活を送るようになると，どんな信念の持ち主なのか，肚の中で何を考えているのか，場合によっては自分をだまそうとしているのか，分からない人とも表向きは平

気な顔をして付き合う必要が出てきます。そうした世の中を生きていくための最小限の手掛かりを法律学は教えてくれると言っていいでしょう。近代社会を生き抜くための手立てを教えてくれるわけです。

　ただ、ぎりぎり突き詰めたとき、せっかく法律学を勉強しても、ここで役に立たなければ仕方がないというのは、裁判の場です。裁判を起こす人の目的もいろいろで、勝訴判決を得るためではなく、世間の耳目を集めて政治運動を展開する手掛かりとして裁判を起こす人もいますが、標準的にはやはり、勝つことが目的で訴訟をするものでしょうし、負けるとしてもできるだけ受ける打撃を最小限に抑える形で負けようとするものです（当事者が合理的であればの話ですが）。

　19世紀後半から20世紀前半にかけて活躍した**オリバー・ウェンデル・ホームズ**というアメリカの裁判官の「裁判所の行動の予測こそが、私が法によって意味するものだ」ということばが知られています。ホームズ裁判官は、ロースクールでこれから法律家、とくに弁護士になろうとする学生たちに向かって行った講演で、そのように述べています。

　つまり、相談にやってきたクライエントに対して、裁判所に事件を持ち込んだとき、勝てそうか負けそうか、勝てるとしてどの程度の蓋然性があるかを的確に回答できるようでなければ、一人前の弁護士とは言えないことを指摘したことばです。「おおよそ法とは裁判所の行動の予

オリバー・ウェンデル・ホームズ

Oliver Wendell Holmes（1841–1935）は、アメリカの法律家。1902年から1932年まで、連邦最高裁の裁判官を務めました。

測にほかならず，それ以外のものではあり得ない」という非常識な主張として理解すべきものではありません。そんなはずはないことは，本書を今まで読んでこられたみなさんは，とうに承知のことでしょう。

　裁判ですが，どのような形で開始され，どのように終結するものでしょうか。具体例に即して見ていくことにしましょう。

苫米地事件判決

SECTION **2**

　これから取り上げるのは，苫米地事件と言われる民事事件です。私法上の権利義務に関する紛争を対象とする事件を民事事件と言います。なぜ刑事事件ではなく，民事事件なのか，なぜ民事事件の中でもこの事件か，とくに理由はありません。しかし，数限りなくある事件のうち，どれかを取り上げる必要があります。一種の調整問題です。しばらく辛抱してください。

　ことの発端は，1952 年 8 月 28 日，ときの吉田茂内閣（第 3 次吉田内閣）が，召集されたばかりの第 14 回国会で，衆議院を解散したことにあります。この解散ですが，その以前の 1948 年 12 月23 日の解散とは異なり，憲法 69 条の予定する，衆議院による内閣不信任決議に対抗する措置として行われたものではありませんでした。憲法の条文上の根拠は，衆議院の解散を天皇の国事行為

の1つとして挙げる憲法7条3号だけになります。この解散は，そうした解散としては初めてのものでした。

　この解散にあたっては，天皇の国事行為に必要とされるはずの内閣の助言と承認（憲法7条柱書^{はしらがき}）が存在したか否かについても疑問が提起されました。

　衆議院議員であった苫米地義三（以下「原告[1]」と略します）は，この解散は憲法違反で無効であると考え，それを前提として，任期が満了するはずであった翌年1月分までの議員歳費28万5000円の支払を国に求める訴訟を東京地方裁判所に提起しました。この訴訟では，国が被告[2]ということになります。

　ちなみに衆議院議員の任期が，衆議院が解散されない限り4年であることは，憲法45条に定めがあり，国会議員が歳費を受けることは，憲法49条に定めがあります。当時の「国会議員の歳費，旅費及び手当等に関する法律」は，1か月の歳費を5万7000円と定めていました。

　訴訟をどの裁判所に提起するかですが，憲法76条1項では「すべて司法権は，最高裁判所及び法律の定めるところにより設置する下級裁判所に属する」とされています。裁判所法という法律によると，下級裁判所としては，高等裁判所，地方裁判所，家庭裁判所，簡易裁判所があります（裁判所法15条～38条）。高等

----

1)　原告とは，民事訴訟で，裁判所に訴えを提起した当事者の第一審での呼び名です。
2)　原告によって提起された民事訴訟の相手方を第一審で被告と呼びます。

裁判所は，例外的な場合でない限り，第一審として訴訟を受け付けることはありません（裁判所法16条）。他方，地方裁判所は，訴訟の目的の価額（本件で言うと28万5000円がそれです）が一定額以下の訴訟を除く訴訟を一般的に第一審の裁判所として取り扱います（裁判所法24条）。

数ある地方裁判所の中で，東京地方裁判所が選ばれる根拠ですが，民事訴訟法4条1項は，「訴えは，被告の普通裁判籍の所在地を管轄する裁判所の管轄に属する」と定めており，同条6項は，「国の普通裁判籍は，訴訟について国を代表する官庁の所在地により定まる」と定めています。「国の利害に関係のある訴訟についての法務大臣の権限等に関する法律」1条は，「国を当事者又は参加人とする訴訟については，法務大臣が，国を代表する」と規定しています。法務大臣が長を務める法務省は，東京都にあります。というわけで，東京地方裁判所に訴訟は提起されたわけです。[3] ちなみに，法務省の建物は，東京地裁の入っている建物のすぐとなりです。

東京地方裁判所は，本件の解散については必要であるはずの内閣の助言と承認が存在せず違憲であるとして，原告の請求を認容し，「被告は原告に対し金28万5000円を支払ふべし」という判決を下しました。

---

[3] 当時の民事訴訟法は，現在の民事訴訟法とは条文の姿も位置も異なっています。ただ，大筋でさしたる違いがあるわけではありません。現在の法制で考えるとこうなる，という風に理解してください。

他方，国（被告）側の控訴を受けた東京高等裁判所は，内閣による助言と承認は存在していたし，衆議院の解散がどのような場合になされるかは内閣の政治的裁量に委ねられているとして東京地方裁判所による原判決を取り消し，原告の請求を棄却する判決を下しました。国は28万5000円を苫米地さんに支払う必要はないという判断です。

　原告は，最高裁判所に上告しました。高等裁判所が第二審としてした判決に対しては，最高裁判所に上告することになります（民事訴訟法311条1項）。

　最高裁判所は，1960年6月8日に下した判決で，原告の上告を棄却しました[4]。ということは，東京高等裁判所による原告の請求棄却の判決が確定したということです。

　この判決で最高裁は，「衆議院の解散は，極めて政治性の高い国家統治の基本に関する行為であって，……その法律上の有効無効を審査することは司法裁判所の権限の外にあ」るとしました。しかし，最高裁は，本件で問題とされた衆議院の解散が有効とも無効とも判断していないわけではありません。また，そもそも原告の請求は裁判所としてその当否を判断することができないとして，門前払い（却下判決）しているわけでもありません。

　最高裁が言っているのは，衆議院の解散はきわめて政治性の高

---

[4]　最大判昭和35年6月8日民集14巻7号1206頁。最高裁判所の大法廷で昭和35年6月8日に言い渡された判決で，最高裁判所民事判例集14巻7号1206頁から登載されていることを一般的にこのように表記します。

2

苫米地事件判決

091

い国家統治の基本に関する行為なので，裁判所が国会や内閣による判断とは別に，その有効無効を独自に判断することができないということです。つまり，政府が合憲で有効だと言っている以上，その政府の見解を丸飲みして，合憲で有効だと裁判所も判断するしかないと言っているわけです。この特殊な議論は，「統治行為の法理」と呼ばれることがあります。

このため，原告の請求は棄却されるべきことになります。東京高等裁判所の判断は，原告の請求棄却という結論に関する限り，正当であったことになりますので，上告は棄却されます。国は苫米地さんに28万5000円を支払う義務はないことになります。これで裁判は終了しました。

公正中立な立場から，法を適用することで当事者間の法律上の紛争を解決するという裁判所の任務（裁判所法3条1項参照）を放棄しているかのような異様な判決です。

異様に見える理由がもう1つあります。法学部のみなさんであれば，そのうち民事訴訟法という科目で勉強することになる話ですが，裁判所の下した判決はそれが確定した場合でも——それ以上，争う途がなくなった場合でも——拘束力を持つのは，原則として裁判の当事者（原告と被告）に対してだけです（民事訴訟法115条1項）。しかも，拘束力があるのは，判決主文に示されたことがらだけです（民事訴訟法114条1項）。本件で言えば，国が苫米地さんに28万5000円を支払う義務があるか否かだけです。

ですから，民事訴訟法の規定どおりに考えるならば，本件で問題とされた衆議院の解散が合憲か否かについての判断は，誰も拘

束しない判断だということになります。そうであれば，裁判所も高度に政治的だから独自の判断ができないなどと腰の引けた態度をとる必要はないのではないでしょうか。

　ただ，裁判所がこうした高度に政治的な問題について判断を下すときは，必ずしも訴訟法上の厳密な拘束力だけを考慮しているわけではなさそうです。最高裁判所が苫米地事件の判決を下したのは，1960 年 6 月のことで，ことの発端となった解散からは 8 年近くの年月が経っていて，その間に 3 度の解散・総選挙が行われています。もし 8 年前の解散が違憲無効であったとすると，その後の総選挙も無効ということになり，そこで選出された衆議院議員も本当は衆議院議員ではなく，彼らが可決して成立したはずの法律も法律ではなく……ということに，理論的にはなってしまいそうです。判決の効力として直ちにそうした効果が生ずるわけではありませんが，事実上の「政治的」意味合いは大きいでしょう。

　また，最高裁が法律上の問題について下した判断は，たとえ主文の中にあらわれない判断であっても，同種の問題について，その後の下級裁判所の判断やその後の最高裁の判断を事実上，拘束すると考えられています。判例の事実上の拘束性といわれるもの

5)　過去に下された裁判を広く指して判例ということもありますが，狭い意味では，最高裁判所のした裁判に含まれる法原則のうち拘束性のあるもののことを指しています。最高裁判所が狭義の判例を変更するときは，大法廷を開く必要があります（裁判所法 10 条 3 号）。ここでいう「拘束性」は，当事者に対する訴訟法上の拘束力とは別ものです。

2

苫米地事件判決

です。このため，とくに憲法に関わる重大な論点について判断するときは，最高裁は慎重にならざるを得ないところがあると言えるでしょう。

　ただしその後，最高裁判所は，投票価値の較差の合憲性が争われた 1976 年 4 月 14 日の判決で[6]，総選挙が違憲の規定にもとづいて行われたものであるとしても，実施された選挙の効力を否定するときわめて不当な結果が生ずる場合は，選挙の効力は否定されないという「事情判決の法理」なるものを編み出しています。現在の最高裁が，苫米地事件と同じような事件に直面したとき，高度に政治的な統治行為だから政府の見解を丸飲みするしかないと再び言うか否か，即断はしにくいところがあります。

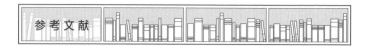

参考文献

　ホームズ裁判官のことばは，Oliver Wendell Holmes, 'The Path

---

6) 最大判昭和 51 年 4 月 14 日民集 30 巻 3 号 223 頁。事情判決は，行政事件訴訟法 31 条に根拠があり，違法な処分・裁決を取り消すと公益が著しく損なわれる場合に，裁判所は請求を棄却するとともに，判決主文において「処分又は裁決が違法であることを宣言する」という制度です。ただ，選挙の効力を争う訴訟では行政事件訴訟法 31 条の準用が否定されているため（公職選挙法 219 条 1 項），最高裁は，事情判決制度の背後には「一般的な法の基本原則」があるとして，その原則によって，本件では憲法違反の議員定数配分規定にもとづいて行われた点で選挙は違法であるとする一方，選挙自体は無効としないこととしました。

of the Law', 10 *Harvard Law Review* 457, 458 (1897) にあります。

　苫米地事件判決については，多くの解説があります。手近なところでは，長谷部恭男ほか編『憲法判例百選Ⅱ〔第7版〕』〔有斐閣，2019〕190事件〔高橋雅人〕があります。

　衆議院の解散は天皇の国事行為とされていますが，天皇には政治的権能がありませんから（憲法4条1項），衆議院の解散を実質的に決定する権限は誰にあるかという問題が生じます。学説の大部分は，内閣にその権限があるという結論で一致していますが，その結論をどのような論拠で説明するかについて，説が分かれています。この点については，さしあたり，拙著『憲法講話』〔有斐閣，2020〕328頁以下の説明をご覧ください。

　苫米地事件判決と似ているようで，さらに理解の難しい判決として，旧日米安全保障条約の合憲性に関する砂川事件判決があります。この判決については，さしあたり，拙著『憲法の論理』〔有斐閣，2017〕第13章「砂川事件判決における『統治行為』論」をご覧ください。2020年6月13日付朝日新聞朝刊掲載の豊秀一編集委員による記事も参考になります。

　「事情判決の法理」を打ち出した1976年の判決については，前掲『憲法判例百選Ⅱ〔第7版〕』148事件〔高田篤〕をご覧ください。

　最高裁がこうした法理を編み出してまで投票価値の平等にこだわったのは，1人1票という原則がないがしろにされると，政治の運営については有権者たる国民への説明責任があり，いざとなれば国民によって為政者がその地位を追われることがあるという国民主権の原理がないがしろにされるという危機感があったと考えられます。都市部の1人と過疎地の1人とで，投票価値（ある選挙区で選挙される国会議員の数とその選挙区の有権者数の較差）が極端に異

参考文献

なっているようでは，過疎地の人々の利益に偏った政策決定が行われるとの疑念を生みかねません。そうしたゆがんだ政策決定が現に行われていないということだけではなく，そういう風に見えかねない余地もなくす必要があります。

発展問題

　苫米地事件で問題となった憲法上の論点として，天皇の国事行為に要求される「内閣の助言と承認」は存在したか否かがありました。国事行為の「内閣の助言と承認」とは何か，調べてみてください。

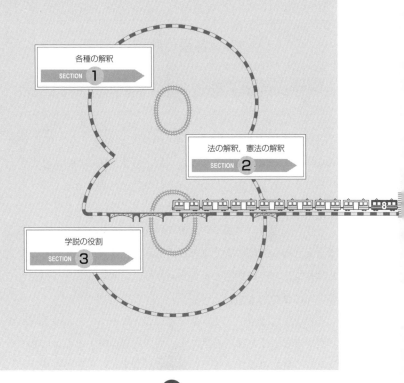

各種の解釈

SECTION 1

法の解釈，憲法の解釈

SECTION 2

学説の役割

SECTION 3

第 **8** 章

解　　釈

　法はしばしば解釈されます。解釈ということばもいろいろな意味で使
われますが，ここでは，法の文言をそのまま具体の事実にあてはめれば
それですむ，というわけにはいかない場面で要求される，厳密な意味で
の解釈について説明します。

各種の解釈

解釈ということばもいろいろな意味で使われます。ときには，あらゆることばや文のあらゆる理解が解釈であるかのように言われることもあります。しかし，それは普通に理解と言えばすむことでしょう。

日本語で解釈（英語で interpretation）というのは，あることばや文を別のことばや文で置き換えてみて，はじめてもともとのことばや文の意味が理解できるという場合に限定して使うべきもののように思われます。

そのように限定して使うならば，ことばや文のあらゆる理解が解釈ではないことは，当然です。ある文を理解するために必ずそれを別の文に置き換えることが必要だとすると，その解釈によって生まれた文も，やはり理解するために別の文に置き換える必要が生ずることになり，この作業は永遠に続きます。およそいかなる文も理解することはできないことになってしまいます。

そんなはずはないわけですから，最初の出発点がおかしかったわけで，解釈にたよることなく，ことばや文を理解することができるというのが，人と人とのコミュニケーションの標準的なあり方だということになるはずです。解釈が必要になるのは，あくまで例外です。

ところで，法律学の入門書を読むと，法の解釈には，明文解釈（日本語としての普通の意味に照らした解釈），歴史的解釈（起草者の考え方など，その法文が成立した経緯に着目した解釈），論理解釈（論理的な筋道が通っているか否かに着目した解釈），体系的解釈（ある法体系全体の中に整合的にその法文を位置づけることができる解釈）等，さまざまな解釈の方法があると説明されていることがあります。ただ，私の見るところ，こうした説明は誤解を招くものです。

　ある法文を解釈する必要に迫られるのは，その規定の日本語としての普通の意味どおりに理解したのでは，不都合な結論が出てしまう場合です。明文解釈（だけ）で解釈の用が足りることはまず考えられません。その他の「○○解釈」と言われるものもそうで，1つの方法だけで事が足りることはまずないでしょう。

　法文を解釈する必要に迫られたときは，その規定の日本語の普通の意味を全く無視してはならないことはもちろんですが，起草者の考え方など，法文の成立の経緯にも着目する必要がありますし，論理的に筋道が通っていなければならないことも当然です。さらに，民法，刑法，憲法など，それぞれの法分野の体系全体に照らして，整合的にその法文を位置づけることのできる解釈でもなければなりません。

　つまり「○○解釈」と呼ばれる解釈の各分類は，その1つ1つが独立して成り立つものではなく，解釈にあたって考慮すべき主要な要素を並べたものと考える方が，良識にかなっています。悩ましいのは，こうした諸要素のすべてに十分な目配りをしたとしても，あるべき解釈——だいたいの人が納得してくれる解釈——

が 1 つには決まらないことですが。

　また,「後法は前法を廃する lex posterior derogat legi priori」とか「特別法は一般法を廃する lex specialis derogat legi generali」[1] 等のルールが解釈の準則と言われることがありますが,これらは法を具体的事案に適用する際の当然の前提と言うべきルールであって,これまたわざわざ解釈の準則と言うほどのことではありません。上位法と抵触する下位法が無効とされるというルールも同様です。

　たとえば,後法は前法を廃するというルールを前提としなければ,ある法律の条文の改正が行われたときに,改正前の条文が効力を失うことを説明できません。この問題は,個別の改正に際して,改正前の条文が効力を失う旨を法律で定めたとしても解決されません。その法律の定めにもとづいて改正前の条文が効力を失うという結論は,後法が前法を廃するというルールを前提としなければ,やはり出てこないからです。

　これらのルールは必ずしも制定された法としては存在しません。しかし,法の適用にあたって考慮すべきルールが,すべて制定された実定法でなければならないわけではありません。法を適用する際には,算術の規則や国語の文法規則,自然科学の法則も当然考慮されるでしょうが,それらは議会等の制定した実定法ではあ

---

[1]　一般法と特別法とは相対的な概念です。特別法の適用領域を含んでより広く適用される法を一般法と呼び,一般法の適用領域の中の一部のみに適用されるものを特別法と呼びます。

りません。

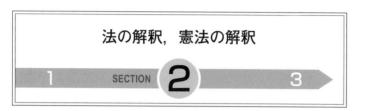

法の解釈，憲法の解釈

第**2**章で説明した法の支配の諸要請は，法というものは，できるだけ解釈する必要もなく理解可能でなければならないという要請を反映したものです。法が何を指示しているかを理解するために，一々ほかの文章に置き換えなければならないとすると，法は実践理性の働きを簡易化する道具としてそもそも役に立ちません。権威としても機能しないことになります。

それでも法に解釈はつきもののように思われています。1つの理由は，大学の法学部の授業内容が，法の規定をそのまま理解しただけで解決できるような簡単な事案（イージー・ケース）ではなく，法の解釈が必要となる難しい事案（ハード・ケース）ばかりを扱っていることにもあるのでしょう。

しかし，繰り返しになりますが，解釈しなければ理解できない法文ばかりで成り立っている法秩序は，法秩序の用をなしません。解釈は例外的にのみ必要となる活動であって，必然的にそうあらざるを得ないものです。法律は必ず解釈しなければならないなどとは考えないでください。一読しただけでは何が書いてあるのかさっぱり理解できないコンピュータのマニュアルが，マニュアル

として役に立たないのと同じです。

　それでも，適用されるたびに裁判所による解釈が行われているかのように見える条文はあります。典型は憲法の基本権条項です。それがなぜかは，すでに第4章2で大まかなところを説明しました。

　憲法の基本権条項は，権威として役立つことは期待されていません。個人を尊重するように（憲法13条）とか，思想及び良心の自由は，これを侵してはならない（憲法19条）と言われても，具体的に何をどうすればよいのかは，分かりません。それは当然のことで，基本権条項は，むしろ法の権威を解除するために使われるものだからです。

　たとえば，遺言が存在しない場合において，かつての民法900条4号は，子が数人いるときは，すべて均等に相続するという原則を定めていましたが，ただし書で，婚姻外で生まれた子の遺産の相続分を，婚姻から生まれた子（嫡出子）の半分としていました。人それぞれ，いろいろ考えることはあるだろうが，この指示どおりにしろという規定だったわけです。しかし2013年9月4日の大法廷決定で最高裁判所は，この規定は，子を個人として尊重し，その権利を保障すべきであるという憲法の示す考え方に反しており，適用すべきではないと判断しました。[2]　そうすると，原則に帰って，子はすべて同じ割合で相続すべきだということになります。

　子を個人として尊重することが何を意味するかは，人によって判断が分かれるところでしょう。さまざまな解釈の余地があるわ

けです。ただ，最高裁はこの時点で，子はすべて平等に尊重されるべき存在であって，婚外子の相続分を嫡出子の相続分の2分の1とする規定は，親が婚姻関係にあったか否かという子自身にとってもどうしようもないことがらを根拠として子に不利益を与えることになり，子を個人として尊重していることにならないとの解釈をとったわけです。結果としてこの相続分の区別は，平等原則を定める憲法14条に反する，合理的理由のない差別であることになります。

ここでは，いくつかの点で，少し変わった事態が生じていると言うことができるでしょう。最高裁が民法900条の旧規定の適用を排除する（権威を解除する）ときに参照しているのは，法ではありません。憲法14条という法文の姿はしているかもしれませんが，それは権威として機能しているわけではなく，何が子を平等に尊重することになるか，何がそれに反するかを自分で考えてもらいたいと呼びかけている条文です。道徳判断のレベルまで降りて（昇って？）自分の実践理性を働かせてくれと言っているわけ

2) 最大決平成25年9月4日民集67巻6号1320頁。民事訴訟では裁判の形式は，判決と決定と命令に分かれます。判決は，重要な事項について原則として口頭弁論を経た上で，判決原本にもとづいて言い渡される厳格な形式です。決定は，裁判所のする裁判で判決以外のものを指します。簡易な形式の裁判で，口頭弁論を経るか否かは，裁判所の裁量で決めることができます（民事訴訟法87条1項ただし書）。命令は，裁判所ではなく，裁判官がその資格で行う裁判です。また，最高裁判所は，15名全員の裁判官から構成される大法廷か5人の裁判官から構成される小法廷で審理・裁判をしますが（裁判所法9条），法律が憲法に違反するという判断を示すには，大法廷で裁判をする必要があります（裁判所法10条1号2号）。

です——ここで問題となる「道徳」は，多様な信念や世界観を抱く人々が共存して社会生活を送ることを前提としている近代的な意味の「道徳」です。ただ裁判官としての職務だけを念頭に置いて権威としての法を適用して紛争を処理するのではなく，人としての本来の地平に立ち戻って，自分自身で考えてくれというのが，基本権規定の趣旨です。

しかし，いったん最高裁が民法 900 条の旧規定は憲法に違反すると判断した以上，その最高裁の解釈は，有権解釈（権威ある解釈）となり，具体的行動を指示する権威として機能します。判例の事実上の拘束性と言われる事象です。少なくとも下級裁判所は，以後，この判断を前提として遺産分割に関する事件を処理する必要が生じます。基本権に関する裁判官の判断は，道徳の世界と法の世界をつなぎ，新たな法を生み出すわけです。

ここで働いているメカニズムには，非情緒的に描くと，第 1 章 2 で扱った調整問題の一種としての側面があります。法の典型的な働きの 1 つは，調整問題を解決することです。民法 900 条の旧規定にもそうした働きがあったはずです。

しかし社会環境が変化し，人々の意識が変わった段階で，この規定は憲法違反ではないか，多様な個人が公平に暮らすべき社会の基本的道徳に反するのではないか，という疑いが出てきました。調整問題が再浮上したわけです。それを 2013 年の最高裁決定は，有権解釈を示すことで解決しました。民法 900 条の旧規定は違憲であり，相続分に関して子はすべて均分相続だというルールに即して，調整問題は解決されることになりました。

調整問題の核心は，確定的な結論を出して大部分の人々がそれに従って行動できるようにすることです。ですから，いったんある有権解釈によって調整問題が解決された以上は，十分な理由がない限り，その有権解釈を動かすべきではありません。第**2**章で説明したように，権威として機能するものに関して安定性は重要です。裁判所が判例を変化させることに慎重であることには，それなりに理由があります。

基本権は法と道徳とが交錯する局面です。単純ではありません。

日本国憲法に関連して，法と道徳とがきわどく交錯する局面は，基本権以外の領域にもあります。1つは，憲法9条です。この条文については，それをあたかも権威ある法であるかのように理解する立場（学説）があります。もしそうした立場が正しいのであれば，内閣法制局が長年にわたって有権解釈を積み上げる必要も，もともとなかったはずですが。

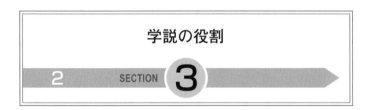

学説の役割

2　SECTION　**3**

法律の各科目の教科書を読むと，そこでは，学説としての解釈論が展開されていることがあります。法としての役割を果たす解釈は有権解釈であり，典型的には最高裁判所によって示される法解釈です。学者の提唱する解釈は，それ自体が法として機能する

ことはありません（近代初頭までのドイツやイタリアでは，学者の示す見解が権威として機能することがありましたが）。

　では学説としての解釈が何の役に立つかですが，裁判所によって示された有権解釈にもいろいろと難点のあることが考えられます。第**4**章で説明したように，一般的なルールの形で示された法は，具体の状況によっては，不適切な回答を導くことがあり得ます。有権解釈も例外ではありません。そこで，有権解釈の代替案，つまり将来，有権解釈となり得る候補を示すというのが，学説の役割の1つとなります。かなりの適用場面で不適切な回答を導くような欠陥品の有権解釈であれば，その難点を批判すること自体も学説の役割となるでしょう。従来の有権解釈では解決されないままになっている論点を指摘することも，学説の役割です。

　また，今まで確定的な有権解釈が示されていない論点について，有権解釈となり得る候補を示すのも，学説の役割になります。いつまでも有権解釈が示されないようであれば，学説の示した解釈が，慣行を通じて社会の調整問題を解決することになるかもしれません。

　学説は，有権解釈の背景にある事情を説明し，明示的に語られていない論拠を提示することを通じて，有権解釈の理解を深め，広げる役割も果たします。これは解釈とは言いがたい活動ですが，やはり学説の重要な役割です。

　さらには，法秩序の現状が社会環境の変化や新たな技術・サービスの登場等に対応することができていないことを指摘し，新たな法（群）の制定を提唱する学説（立法論）もあります。それも

学説の役割です。

　およそ適切な有権解釈の確立や理解に役立ちそうもない，新た
な立法に寄与しそうもない，何のために提唱されているのかよく
分からない学説は，例外的な病理事象というべきものです。多様
な信念・世界観を抱く人々が共同して遂行する社会生活を規律し，
人々の実践理性を簡易化する役割を果たす法の形成に協力すると
ともに，その限界を指摘することが，他の法律家（裁判官，検察官，
弁護士など）と同様，法律学者の使命のはずです。

参　考　文　献

　あらゆることばや文の理解が解釈であるとすると，ことばや文
の理解そのものが不可能となるという点は，ウィトゲンシュタ
インの『哲学探究』で論じられています。Ludwig Wittgenstein,
Philosophical Investigations（G.E.M. Anscombe trans, 2nd edn,
Blackwell 1958）ss.199-202 をご覧ください。とりあえずの解説と
して，拙著『比較不能な価値の迷路〔増補新装版〕』〔東京大学出版
会，2018〕第8章「制定法の解釈と立法者意思」をご覧ください。
少々毛色の変わった解説として，拙著『憲法の imagination』〔羽鳥
書店，2010〕40頁以下「『ガチョーン！』の適切さについて」があ
ります。

　解釈という概念には，本文で説明したものとは違った使い方もあ
ります。ある人が演出し，上演された「ハムレット」をその演出

家による「ハムレット」の解釈だと言う場合がそうでしょう。ベートーヴェンの交響曲第7番の演奏をある指揮者による第7番の解釈だと言うのもそうです。そういう意味では，私が肉ジャガをこしらえると，出来上がった料理は，私による肉ジャガの解釈だということになります。マルティン・ハイデガーは，こういう意味合いで解釈という概念を使っています（『存在と時間』第32節）。しかし，これは法律学における解釈とは違うものです。民法や刑法の条文を使って裁判官が紛争を解決したとき，その結論（判決）をその裁判官による解釈だとは普通言いません。それはある条文の適用の結果だと言われます。

　第5章2で登場したサヴィニーは，法律の解釈には，文法的，論理的，歴史的および体系的という4つの要素があると指摘しています（サヴィニー『現代ローマ法体系 第1巻』〔小橋一郎訳，成文堂，1993〕199-200頁）。

　民法900条4号の旧規定に関する2013年の最高裁決定についても，多くの解説があります。たとえば，長谷部恭男ほか編『憲法判例百選Ⅰ〔第7版〕』〔有斐閣，2019〕27事件〔髙井裕之〕です。

　最高裁の示した有権解釈は，判例としての事実上の拘束性を持つと言われますが，「事実上の」という形容詞にさしたる意味があるわけではありません。裁判所が事実上拘束されているのであれば，法的に（権威をもって）拘束されているのと同じことです。おそらくは，当事者に対する訴訟法上の拘束力と区別するために，事実上の拘束性と言われているのでしょう。

　ときに，イギリスのような判例法国では，判例には法的拘束力があるが，日本は成文法国なので判例には事実上の拘束力しかないと言われることもありますが，こうした理解は，イギリスでなぜ判例

に拘束力が認められるとされるに至ったか，その経緯や背景を十分に踏まえたものとは言いがたいところがあります。このあたりの消息については，さしあたり，拙著『憲法の円環』〔岩波書店，2013〕第11章「憲法判例の権威について」をご覧ください。

2013年の最高裁決定では，当時の民法900条4号ただし書が違憲無効であるとする判断が，それ以前に開始した相続に関する下級審の判断を事実上拘束することになり，「解決済み」となっている遺産分割の効果まで否定する効果をもたらすことが懸念されました。このため，決定では，違憲判断はすでに「確定的なものとなった法律関係に影響を及ぼすものではない」とされています。この論点については，前掲高井裕之解説のほか，拙著『憲法の論理』〔有斐閣，2017〕第12章「判例の遡及効の限定について」をご覧ください。

憲法9条についても多様な理解があることはご承知のとおりです。私が執筆したものとしては，拙著『憲法講話』〔有斐閣，2020〕第4講「平和主義」があります。私は，9条を権威ある法として理解することには，成立の歴史的経緯に照らしても，また多様な信念や世界観の公平な共存を可能にすることを目指す近代社会の基本的道徳原則に照らしても，無理がある——そうした理解は法律学としての使命を果たすことにならない——という立場をとっています。成立の歴史的経緯との関係では，1929年の不戦条約による国際法の革命的な転換を理解する必要があります。9条は解釈が必要な条文です。もちろん，そう考えてよいかについては，拙著等もお読みになった上でみなさんが1人1人で判断してください。

学者は，実践的な意味のある解釈論や立法論とは別に，理論的な意義しかない論文を書くこともあります。私も，スピノザの国家論

やレオ・シュトラウスの学問観について論文を書いたことがあります。ただこういうものは，学説とは普通言いません。

発展問題

　手近にある法律学の教科書を開いてみて，そこで説明されている「解釈」が本当に「解釈」と言えるか，考えてみてください。もし解釈だとすると，なぜそうした解釈が必要となったのかも考えてみてください。その解釈は，説得力のあるものと言えるでしょうか。

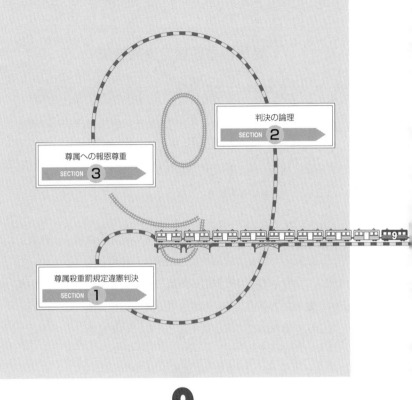

判決の論理

SECTION **2**

尊属への報恩尊重

SECTION **3**

尊属殺重罰規定違憲判決

SECTION **1**

第 **9** 章

裁 判 (2)

●尊属殺重罰規定違憲判決で考える●

　尊属殺重罰規定違憲判決は，平等とは何か，違憲判断を下すにあたって裁判官は何を考慮に入れるものかを知る上で勉強になります。

尊属殺重罰規定違憲判決

　基本権の解釈が問題とされた裁判の1つとして1973年4月4日に最高裁判所が下した判決があります。この事件では，刑法典の旧200条（尊属殺重罰規定と呼ばれます）の合憲性が主要な争点となりました。

　自分の父母，祖父母など，自分より先の世代の血縁者を尊属と呼び，尊属との関係で後の世代の血縁者を卑属と呼びますが，この規定は，自分および配偶者の尊属を殺した者を刑法199条の規定する普通殺人罪より重く罰することとし，具体的には，刑罰として死刑か無期懲役のみを科すこととしていました。

刑法（当時）

第199条　人ヲ殺シタル者ハ死刑又ハ無期若クハ3年以上ノ懲
　　役ニ処ス

第200条　自己又ハ配偶者ノ直系尊属ヲ殺シタル者ハ死刑又ハ
　　無期懲役ニ処ス

　第7章で扱った苫米地事件は民事事件です。金銭の給付を求める請求権が成立するか否かが問題となった典型的な民事事件でした。これに対して，本件は刑事事件になります。刑法典を典型と

する刑罰を定める法令の適用に関連する事件です。

　本件の背景にあるのは，典型的な家庭内の性的虐待です。被告人は14歳のときに実の父親から性的暴行を受け，その後10年余も夫婦同様の生活を強いられていましたが，たまたま正常な結婚の機会にめぐりあったものの，実父が暴力的にそれを阻止しようとして10日余にわたって脅迫虐待を続けたことから，思いあまって実父を絞殺したという事件です。

　刑事事件の場合，起訴をするのは検察官と定められています（刑事訴訟法247条）。検察官だけに刑事事件の起訴を認める制度を起訴独占主義と呼ぶことがあります。[1]日本の法制度の下では，検察官は犯罪が立証できることが明らかな事案についても，起訴を猶予することができます。こうした制度を起訴便宜主義と呼びます。これに対して，有罪判決の見込みがあるときは必ず起訴しなければならないという建前をとる法制度を起訴法定主義と言います。

　本件については起訴がされました。内乱罪等のごく一部の罪および罰金以下の刑にあたる罪以外の罪については，地方裁判所が第一審の裁判を行います（裁判所法24条2号）。数ある地方裁判所のうち，どの裁判所が事件を扱うかについては，刑事訴訟法2条1項が「裁判所の土地管轄は，犯罪地又は被告人の住所，居所若

1　尊属殺重罰規定違憲判決

---

1)　日本では検察官だけに起訴を認めることを原則としていますが，例外として，準起訴手続（刑事訴訟法262条）および検察審査会制度（検察審査会法）を設けています。

しくは現在地による」としています。

　一審の宇都宮地方裁判所の判決は，刑法200条は憲法14条1項に違反するとし，通常の殺人罪に関する刑法199条を適用した上で，過剰防衛（刑法36条2項）[2]と心神耗弱（刑法39条2項）[3]を根拠に刑を免除しました。

　これに対して二審の東京高等裁判所の判決は，刑法200条を適用した上で，心神耗弱と酌量減軽（刑法66条）により，刑法の適用上可能な最低限となる懲役3年6月の実刑に処しました。

　最高裁判所大法廷の判決は，刑法200条を憲法14条1項に違反するとしました。[4]同項は，次のように定めています。

> すべて国民は，法の下に平等であって，人種，信条，性別，社会的身分又は門地により，政治的，経済的又は社会的関係において，差別されない。

　この規定は，理解の仕方によっては，そこで列挙された「人種，信条，性別，社会的身分又は門地」による差別だけを禁じているかのようにも読めます。しかし最高裁は，これらは単なる例示であって，この規定は，合理的な根拠によらない区別をすべて禁じ

---

2)　急迫不正の侵害に対する防衛行為が，侵害行為を排除するために相当な限度を超えている場合を指します。正当防衛については，第**13**章で立ち返って考えます。

3)　心神の障害のため，是非善悪の判断やその判断に従って行動する能力が著しく欠けている状態を指します。

4)　最大判昭和48年4月4日刑集27巻3号265頁。

る規定であると言います。

　刑法200条は刑法199条と区別する形で，尊属殺だけをとくに重く罰することにしているわけですから，それに合理的根拠があるか否かが問題になります。

　合理的根拠があるか否かについて，最高裁は，①区別の目的が合理的であるか否か，そして，②かりに目的が合理的であるとしても，その目的を達成する手段として見たとき，問題の区別が均衡のとれたものかどうかの2点を検討すべきだと言います。

　最高裁によると，尊属殺をとくに重く罰することには，合理的な目的があります。その目的は，尊属に対する報恩尊重という普遍的倫理と自然的情愛を維持することです。もっとも，この点については，自分だけでなく配偶者の尊属を含めてその殺人を著しく道徳に反するとすること自体，一種の身分制的倫理観に立脚するもので，個人の尊厳と人格価値の平等を基本とする民主主義の理念に反するという少数意見が付されています[5]。

　目的が合理的だとすると，次の問題は手段が合理的か，つまり目的に照らして均衡がとれたものかどうかです。最高裁によると，刑法200条の定める刑罰は死刑か無期懲役に限られており，普通

---

　5)　最高裁判所の行う裁判については，「裁判書には，各裁判官の意見を表示しなければならない」とされ（裁判所法11条），結論が多数意見と異なる裁判官の意見（「反対意見」と呼ばれます），結論が同じであっても理由づけを異にする裁判官の意見（「意見」と呼ばれます）が明らかにされます。また，反対意見や意見に反論するため，あるいは多数意見の意義や射程をより明確にしようとする意図から，多数意見に加わった裁判官が意見（「補足意見」と呼ばれます）を明らかにすることもあります。

殺人に比較して加重の程度がはなはだしく，本件においても「現行法上許される2回の〔刑の〕減軽を加えても，尊属殺につき有罪とされた卑属に対して刑を言い渡すべきときには，処断刑の下限は懲役3年6月を下ることがなく，その結果として，いかに酌量すべき情状があろうとも法律上刑の執行を猶予することはできない」こととなっています。

こうしたことから最高裁は，「刑法200条は，尊属殺の法定刑を死刑または無期懲役刑のみに限っている点において，その立法目的達成のため必要な限度を遥かに超え，普通殺に関する刑法199条の法定刑に比し著しく不合理な差別的取扱いをするものと認められ，憲法14条1項に違反して無効であるとしなければなら」ないと結論づけています。

最高裁は被告人に刑法199条を適用し，懲役2年6月，執行猶予3年としました。

判決の論理

SECTION **2**

1　　　　　　3

本件の被告人のような，きわめて同情にあたいする情況の下でやむを得ず尊属にあたる者を殺した人であっても，刑法200条の法定刑を前提とすると，死刑と無期懲役のうち，軽い刑である無期懲役を選び，2回の減軽を加えて最大限，刑を軽くしようとし

ても，3年6月を下回ることはないという事情を最高裁は指摘しています（計算の仕方については，刑法68条をご覧ください）。懲役3年6月であると，刑法25条1項の柱書からして，刑の執行を猶予することができません。これでは，あまりにも均衡を失しているというわけです。

この判決には，明示されていない論理的前提がいくつかあります。1つは，本来，殺人であればすべて刑法199条が適用されるはずだという前提です。だからこそ，199条の定める刑に比べて200条の定める刑が重すぎないかが問われています。第**8**章**1**で使った用語で言えば，199条が一般法で，200条は特別法です。もし，そうした前提をとらずに殺人犯をすべて平等に取り扱うことだけが肝心なのであれば，すべての殺人犯を死刑または無期懲役刑にすることとしても，平等にはなります（そうした適用をすることも，199条の文言上は可能です）。

ただ，最高裁にとっての当然の出発点は刑法199条なので，200条による刑の加重が均衡を失していないかが問われることになり，均衡を失していることを理由に200条が違憲と判断されると，当然の出発点であった199条に戻って，それが適用されることになります。学説で使われる言い回しでは，こうした当然の出発点となる想定は「ベースライン」と呼ばれます。

第**8**章**2**で扱われた民法900条の旧規定についても，同じような論理的前提がありました。子は嫡出であるか否かにかかわらず，すべて均分相続だというのが，最高裁が想定していたベースラインです。だからこそ，婚外子を合理的理由なく差別する規定

が違憲と判断されると，ベースラインに戻って，子はすべて均分相続という扱いがされることになります。

このように，法的な取扱いの合憲性が問われるときは，ベースラインはどこにあるか（それともないか）が肝心な論点となります。

もう1つの論理的前提ですが，最高裁は刑法200条の規定が全面的に違憲か否かを問題としています。つまり，200条は適用され得るあらゆる場面で違憲になるか否かを問題にしています。

ある法令を具体的事案に適用した結果がきわめて不適切だと考えられる場合，それを回避する手段はほかにもあります。本件について言えば，たとえば，刑法200条は尊属に対する報恩尊重という普遍的倫理が維持されるべきことが当然であるにもかかわらず，あえて被告人が尊属殺を犯したという事案にだけ適用されることを想定した規定だという解釈を加えることも理論的には可能でしょう。最高裁の言う本規定の立法目的とも整合する解釈です。本件の被害者がそうした人間ではなかったことは明らかであるように思われます。

そうした議論と，結論に関する限りほぼ同様となる判断の道筋になりますが，刑法200条の規定について，報恩尊重が期待されるべきでない尊属を殺した事案に適用される限りで，違憲になると判断すること——適用違憲と呼ばれる判断方法です——もあります。法学部のみなさんであれば，そのうち憲法の時間で勉強する判断手法です。

それなのに，最高裁が刑法200条を全面的に違憲とする論理の道筋を選んだ背景には，尊属殺人が犯される事案の多くでは，被

害者は報恩尊重を期待されるような人間ではないこと，均衡を失していることを承知しながら重い刑を被告人に科さざるを得ない事案であることを裁判官たちが実務経験上，承知していたという事情がありそうです。

尊属への報恩尊重

SECTION 2 3

刑法200条が，不適切な結論を導くことが多いことを裁判官たちが承知していたような規定であれば，尊属への報恩尊重という自然的情愛ないし普遍的倫理を死刑や無期懲役という重い刑罰を科すことで維持しようとすることに，もともと無理があった可能性もあります。

第3章3で説明したように，近代以降の社会では，人がどのような信念をもって生きているかが法的に評価されることはありません。法が規律するのは，社会生活の中での他の人に関係する外的行動についてです。人を殺したら殺人罪で裁かれる。それが標準的な法の姿です。人の物を盗んだら窃盗罪で裁かれるのと同様です。そうした社会生活を維持するための外面的行動の規律を超えて，親や祖父母に対してどのような思いを抱いていたかを問うことも法の役割でしょうか。本件判決に付された少数意見は，その点を問題にしています。

それに刑法 200 条は，被告人の倫理観や情愛の有無を真面目に問題にしていたようにも思えません。この規定は尊属を殺したこと自体から，被告人に「自然的情愛ないし普遍的倫理」が欠けていたと自動的に結論づける規定のように思われます。他方で，親のことなどクソ食らえと思っている人でも，かりに親と長く音信不通になっても，老齢となった親をろくに面倒をみなかったとしても，親を殺しさえしなければこの規定が適用されることはなかったわけです。やむを得ない悲惨な事情で親を殺さざるを得ない情況に追い込まれた被告人をきわめて重く罰し，親に報恩しようとも尊重しようとも思わない多くの人間を放っておく規定は，「自然的情愛ないし普遍的倫理」を維持することに役立つものでしょうか。

この判決はなお，いろいろな問題に対する答えを出し切ってはいないように思われます。

参考文献

本章で扱った最高裁判決については，多くの解説があります。たとえば，長谷部恭男ほか編『憲法判例百選 I 〔第 7 版〕』〔有斐閣，2019〕25 事件〔渡辺康行〕があります。裁判官の実務経験が本件違憲判決の背景にあったであろうことも，紹介されています。

憲法 14 条 1 項の「人種，信条，性別，社会的身分又は門地」という列挙には，単なる例示にとどまらない意味があるという立場が

あります。こういう考え方については，さしあたり，拙著『憲法講話』〔有斐閣，2020〕第14講「平等原則」をご覧ください。

　ベースラインということばとそれにまつわる論理について，さしあたりは，これも拙著『憲法講話』の各所の説明を索引からたどっていってみてください。

発展問題

1　刑法典には，傷害致死についても，尊属殺と同様に，尊属傷害致死をとくに重く罰する規定がありました（旧205条2項）。この規定の合憲性について，最高裁はどのような判断をしたでしょうか。その理由も含めて，調べてみてください。また，その後，尊属に対する罪を重く罰する規定は，旧200条，旧205条2項も含めて，1995年の刑法典の全面改正に際して，すべて削除されています（ほかの規定は，尊属遺棄（旧218条2項），尊属逮捕監禁（旧220条2項）です）。その理由は何だと考えられるでしょうか。

2　ベースラインという発想が背景にある最高裁の判決としてどのようなものがあるか，調べてみてください。

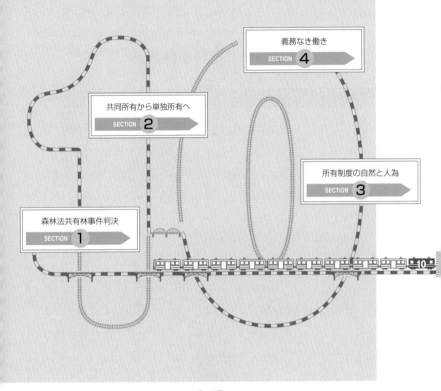

義務なき働き

SECTION 4

共同所有から単独所有へ

SECTION 2

所有制度の自然と人為

SECTION 3

森林法共有林事件判決

SECTION 1

10

第 **10** 章

裁 判 (3)

◉ 森林法共有林事件で考える ◉

　森林法共有林事件判決を通じて，所有制度とはそもそも何のためにあるのか，ある物の持ち主が誰か特定の人に決まっていることは当然のことなのか，それを考えます。

1987 年 4 月 22 日に下された判決で，最高裁判所は森林法の旧 186 条を憲法 29 条 2 項に違反すると判断しました。[1] 憲法 29 条 2 項は次のような条文です。

> 財産権の内容は，公共の福祉に適合するやうに，法律でこれを定める。

民法典では，共有物については「いつでも共有物の分割を請求することができる」（民法 256 条 1 項）としていますが，森林法の旧 186 条は，共有森林について持分[2] 価額が 2 分の 1 以下の者は，分割を請求することができないと定めていました。

民法 256 条 1 項と森林法旧 186 条とは，一般法と特別法の関係にあります。森林法の規定は，共有物一般のうち，共有森林だけについての特別の定めです。一般法の定めと特別法の定めとが衝突する場合は，特別法が適用されます。

---

1) 最大判昭和 62 年 4 月 22 日民集 41 巻 3 号 408 頁。
2) 共同所有（共有）の目的物について，各共有者が有する権利を持分と言います。持分の分数的な割合（本件では 2 分の 1 ずつ）を持分と言うこともあります。

この事件の原告は，兄とともに，父親から森林を持分2分の1ずつで生前贈与されました。森林を兄弟で共有していたわけです。ところが，2人は森林の経営をめぐって対立を深め，原告は民法256条1項にもとづいて共有森林の分割を請求しました。第一審と控訴審は，いずれも森林法旧186条にもとづいて分割請求を否定しました。

最高裁判所は，森林法の旧186条は，憲法29条に違反するとし，原告の請求を認めました。

まず最高裁は，共有物の分割請求権を定める民法256条1項の趣旨は，次のようなものだと言います。

> 共有の場合にあっては，持分権が共有の性質上互いに制約し合う関係に立つため，単独所有の場合に比し，物の利用又は改善等において十分配慮されない状態におかれることがあり，また，共有者間に共有物の管理，変更等をめぐって，意見の対立，紛争が生じやすく，いったんかかる意見の対立，紛争が生じたときは，共有物の管理，変更等に障害を来し，物の経済的価値が十分に実現されなくなる……。〔民法256条1項の定める〕共有物分割請求権は，各共有者に近代市民社会における原則的所有形態である単独所有への移行を可能ならしめ，……〔物の経済的価値を十分に発揮させるという〕公益的目的をも果たすものとして発展した権利であ〔る〕。

最高裁の考えによると，憲法29条が想定している原則的所有形態は単独所有なので，共有物の分割請求権を制限すると，憲法の保障する財産権を「制限」していることになります。そうした

制限は，憲法29条2項が要求しているように「公共の福祉に適合」している必要があります。そこで，果たして森林法旧186条が，公共の福祉に適合しているかどうかを審査する必要が出てきます。

第**9**章で出てきたことばを使うと，ここでは，原則的所有形態である単独所有に復帰できるよう共有物の分割請求権が存在する状態がベースラインとなります。そこから乖離した制度を定めるには，それが「公共の福祉に適合」しているという合理的理由が必要です。刑法旧200条がベースラインである199条の定める刑罰から乖離していることの合理性が問われたのと同様です。尊属殺重罰規定の場合と同じく，立法の目的の合理性とその目的に即した立法手段の合理性の両方が問題となります。

最高裁によると，森林法旧186条の立法目的は，森林の細分化を防止することで森林経営の安定を図り，ひいては森林の保続培養と森林の生産力の増進を図ることで，それは最終的には国民経済の発展に資することになります。こうした目的は，「公共の福祉に合致しないことが明らかであるとはいえない」とされました。

次の問題は，持分価額2分の1以下の共有者による分割請求権を否定するという立法手段の合理性です。最高裁は，立法目的との関係で，この立法手段には合理性も必要性もないことが明らかだと結論づけました。

第1に，共有森林の分割を否定したからと言って，自動的に共有者が協力して森林経営にあたることにはなりません。森林が共有であることと，森林が共同経営されるかどうかとは直接の関係

のない話です。とくに本件のように共有持分が2分の1ずつの場合では、いずれの共有者も分割を請求することができず、そのため意見が対立している場合には、かえって森林の荒廃を招くことになりかねません。森林の経営の安定化を図るという目的と本件規定との間に合理的関連性のないことは明らかだと、最高裁は言います。

第2に、持分価額2分の1以下の共有者からの分割請求の場合に限って、森林の細分化を防止し、森林経営の安定を図らなければならない理由も不明です。また現物での分割ではなく、森林を一括して競売にかけ、代金を分割することもできますから、分割請求を認めたからといって必ず森林の細分化がもたらされるわけでもありません。

以上のような理由で、結局、立法手段としての合理性も必要性もないことは明らかだという結論が導かれました。本判決でも、最高裁は適用場面を区切って部分的に森林法旧186条の効力を否定しているわけではなく、およそ想定し得る適用場面のすべてにわたって、規定の効力を全面的に違憲無効と判断しています。およそこの規定が立法目的の実現に役立つことはなさそうだと裁判官の多くが考えていたことが推測できます[3]。

森林法旧186条が違憲無効とされた結果、ベースラインである民法256条1項に立ち戻って、原告の分割請求が認められること

---

3)　2人の裁判官は、森林法旧186条が、持分2分の1の共有者による分割請求権を否定している部分に限って違憲であるとの意見を明らかにしています。

になります。条文の適用関係の機械的なルールとしては，特別法は一般法を破ります（第**8**章**1**参照）。しかし，一般法の規定が憲法判断におけるベースラインとしての性格を持つと裁判所が考えるときは，特別法が一般法の規定から乖離することに合理性があるかが改めて問われ，それが否定されると，特別法の方が違憲とされ，一般法の規定にもとづいて紛争は解決されます。第**9**章で扱った尊属殺重罰規定違憲判決でもそうでした。

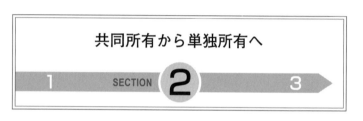

共同所有から単独所有へ

SECTION 2

この判決はいろいろと興味深い論点を含んでいます。ここでは，共同所有にさまざまな弊害があることを理由として，単独所有が近代市民社会における原則的所有形態だとする判決の出発点を考えてみましょう。

中世の代表的なカトリック神学者の1人に**トマス・アクィナス**がいます。彼の主著『神学大全』では，かつて全人類の共同所有の状態にあったこの世のすべてのものが，なぜ「これは私のもの，それ

トマス・アクィナス

Thomas Aquinas（1225–1274）は，カトリックの神学者。ドミニコ会の修道士。キリスト教神学とアリストテレス哲学を融合し，その思想はトマス主義（Thomism）と呼ばれて，現代にいたるまで——おそらくは日本のいくつかの最高裁判決を含めて——大きな影響を及ぼしています。主著に『神学大全』『君主の統治について』等があります。

はあなたのもの」という具合に分割され，各人が所有する状態になったかの説明があります。まずは，なぜ世界のものはすべて全人類の共同所有だったのでしょうか。

旧約聖書に収められた『創世記』は，その冒頭で，神による天地創造を物語っています。地と海と，日と月と星と，鳥と獣と魚を創造した神は，最後に次のように言います。

> われらの像に，われらの姿に似せて，人を造ろう。そして彼らに海の魚，空の鳥，家畜，地のすべてのもの，地上を這うすべてを支配させよう。

男と女を創造した神は，彼らに言います。

> 生めよ，増えよ。地に満ちてこれを従わせよ。海の魚，空の鳥，地を這うすべての生き物を支配せよ。

つまり，地上のもの，海の中のもの，空を飛ぶものはすべて，全人類に共同所有のものとして与えられています。特定の誰のものでもありません。すべてのものが，誰のものでもある状態です。たとえて言えば，入会地のような状態です。村に住む誰も

2 共同所有から単独所有へ

---

4) 入会権については，日本では民法典の263条・294条が規定を置いていますが，入会権がどのような内容のものかについては，何の定義も定めていません。ある地域の入会地で地域の住民がどのような権利を持つかは，その地域の慣行に任されていると考えられています。

が，柴をとって薪とすることができ，草を刈って家畜の餌にすることができます。ウサギや鹿を捕まえて晩御飯のおかずにすることができます。かつては，この世のすべてがそうした状態にあった，というのがキリスト教神学の想定でした。

　ところがアダムとイヴが神の命令に背いて罪を犯したために，人の本性は堕落し，利己的になりました。そのため，人は誰も，自分の利益の実現には努めますが，他人のために努力しようとは思わなくなりました。

　トマス・アクィナスは，このため，神の定めた自然な出発点であった共同所有の状態に代えて，人為的な所有制度を設定することも認められると言います。なぜなら「第一に，誰でも，全員のものや多数に属するようになるものよりは，自分だけのものとなるものを，より熱心に手に入れようとするものだから……第二に，それぞれが自分のものを配慮するようにした方が，物事は秩序立って行われ，あらゆる者があらゆるものの面倒を見ることとなると，混乱が生ずることになるから。第三に，それぞれが自分のもので満足するならば，人々にとってより平和な状態が確保されるから」です。

　森林法共有林事件判決で最高裁が言っていることと，驚くほどよく似ていることが分かります。利己心の強い人間にとっては，共同所有の状態よりも単独所有の状態にした方が，物の経済的価値がよりよく実現され，管理や処分に関して紛争が起きることも少ないというわけです。

所有制度の自然と人為

　私たちが生きている世の中は，基本的には，「これは私のもの，それはあなたのもの」という形で，それぞれに単一の所有者が定まる状態になっています。ところで，いろいろな社会の所有制度は，単独所有を基本としている場合であっても，社会によってさまざまです。道路の交通規則が社会によって異なることと，同じ側面があります。

　哲学者のデイヴィッド・ヒュームは，調整問題ということばこそ使ってはいませんが，所有制度の働きについて，同様の観察を述べています。ある社会で暮らすからには，その社会の所有制度に従う必要があります。そうしてはじめて，何が誰に属するかが決まり，自分のものにやたらに他人が手を出すことはないという保障の下で，他人の物も尊重しようという態度が，社会全体に行き渡ります。フランスではフランスの所有制度に従い，シンガポールではシンガポールの所有制度に従うことが求められます。

　このように，単独所有を原則とする所有制度が，一定の条件を前提として発生する調整問題を解決するための人為的な手段なのであれば，どのような状況の下においても，現状の所有制度のあり方を前提としてあらゆる問題の答えを出すべきだとは言いにくいことが分かります。現在の所有制度は，「自然な所有」のあり

方を反映しているとは限らないからです。

たとえば，誰もがサンマを捕ることのできる海域で各国の漁船によってサンマが大量に捕獲され，そのためにサンマの水揚げ全体が大きく減少してしまう事態が生じたら，各国間で協定を締結して漁獲高を配分し，サンマ漁を規制することが合理的でしょう。

また，旱魃が続いている地域で水を汲むことのできる井戸が1つだけになってしまったとき，たとえその井戸の持ち主が誰かに決まっていたとしても，その持ち主だけが自由にその井戸を使ってよいと結論づけてよいかという問題もあります。そうした緊急の状況では，もともとの「自然」の状態であった，すべてのものはすべての人のものという状態に復帰することが正義にかなっているという考え方もあるでしょう。トマス・アクィナスは，緊急の必要性のあることが明らかであってほかに手段がない場合には，他人のものを使って急場をしのぐことも許されると述べています。

義務なき働き

3 SECTION **4**

もう1つ関連する論点についてお話しします。イエス・キリストが生きた社会は，単独所有の原則が支配する社会でした。しかしイエスは，弟子たちに言います。

> 道中は一本の杖のほかには何も携えないように，パンも，革袋も持たず，帯の中には銅貨もいれず（『マルコによる福音書』6.8）。

イエスがそう命ずる相手は弟子だけではありません。

> 行って，自分の持っているものを売り払って，貧しい者たちに与えなさい。そうすればあなたは，天に宝を持とう（『マルコによる福音書』10.21）。

　何の財産もなく，何の蓄えもなしでは飢え死にしてしまいそうです。しかし，飢えた者が麦畑の中を通るとき，麦の穂をつんで食べることはできます（『マルコによる福音書』2.23-28）。たとえそれが安息日であっても。

　つまり，自分の財産でないものを費消することも許されています。過越しの食事を裕福な人に用意してもらうこともできます（『マルコによる福音書』14.12-16）。

　イエスは，アダムとイヴが罪を犯す前の状態，すべてのものが

---

5)　イスラエルの民はモーセに率いられて，エジプトを脱出したと伝えられていますが，イスラエルの民にエジプトを出ていくことを許さない王（ファラオ）に制裁を加えるため，神はすべてのエジプト人の初子（人も家畜も）の命を奪いました。しかし，イスラエルの民については，戸口に家畜の血で印を付けておくよう神は命じ，そのためイスラエルの民の家を災厄は過ぎ越したと伝えられています（『出エジプト記』12.1-36）。この日は毎年，ユダヤ人にとって祭日とされ，記念の食事をとります。

すべての者のものであった状態を前提として生きるよう勧めているのでしょう。

しかし，当時の社会生活上の制度としては，単独所有を原則とする制度が厳に存在していました。ですから，裕福な人に食事を恵んでくれるよう請求することはできません。裕福な人がイエスたちに食事を用意することは，義務を超える行為です。英語ではsupererogation と呼ばれます。日本語には，なかなかしにくいことばです。

飢餓や疫病に苦しんでいるアフリカの難民たちのために寄付をするのも supererogation です。雨の日に傘がなくて柳の根方で泣いている子に傘を貸してあげるのもそうです。義務ではありませんが，善い行いではあります。

第
10章
●
**裁
判**
(3)

参考文献

森林法共有林事件についても，長谷部恭男ほか編『憲法判例百選Ⅰ〔第7版〕』〔有斐閣，2019〕96 事件〔巻美矢紀〕を含め，多くの解説があります。

トマス・アクィナスの議論は，『神学大全』ⅡaⅡae66 で展開されています。手軽に参照できる文献としては，英語になりますが，Aquinas, *Political Writings*（R. W. Dyson ed, Cambridge University Press 2002）207-217 があります。財産の共有と私有に関するアクィナスの議論は，さらにアリストテレス『政治学』第2巻第5章

へと遡ることができます。

デイヴィッド・ヒュームの議論については，彼の『人性論』〔大槻春彦訳，岩波文庫，1952〕第3篇第2部第2節「正義と所有の起源について」をご覧ください。

アクィナスやヒュームの議論は，特定の社会における所有制度にあてはまるだけでなく，国家間の関係についてもあてはまりそうです。全世界のものがそもそもは全人類共有のものであれば，ある地域・海域が特定の国家の領土・領海であることがどれほどのことを意味するか，問い直すこともできそうです。この問題については，さしあたり，拙著『憲法の境界』〔羽鳥書店，2009〕第2章「国境はなぜ，そして，いかに引かれるべきか」をご覧ください。

supererogation については，さしあたり，拙著『憲法の理性〔増補新装版〕』〔東京大学出版会，2016〕補章Ⅲ「『義務なき働き』について」をご覧ください。第**12**章と第**13**章で扱う功利主義の立場からすると，アフリカの飢餓難民のために寄付をするのも，柳の根方で泣いている子に傘を貸してあげるのも，厳然たる道徳的義務だということになりますが，常識的な考え方とは言えません。

本文での聖書の翻訳については，岩波書店から刊行されている旧約聖書翻訳委員会および新約聖書翻訳委員会による訳を参考にしています。

新約聖書の福音書で描かれたイエス・キリストの教えは，中世のキリスト教会を揺るがした「清貧論争」と関連しています。キリスト教徒もその教会も，本来何らの財産も所有すべきではないのではないかという問題です。この点については，第**5**章の **参考文献** 欄で触れた，拙著『憲法の円環』〔岩波書店，2013〕第3章「法・権利・財産──ミシェル・ヴィレイの法思想に関する覚書」をご覧ください。

誰もが無料で自由に使ってきたものではあるけれど，利用権を配分して使うようにした方が善いのではと思われるものを何か思いつくでしょうか。そのとき，どのような配分の仕方が適切でしょうか。

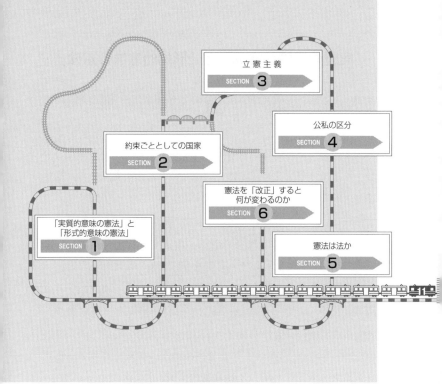

第 11 章

憲法は法か

　法と言われて憲法を思いつく人は多いかもしれません。ただ，憲法は変わったところがいろいろあって，典型的な法とは言いにくいところがあります。説明しましょう。

法と言われて憲法を思いつく人は少なくないと思います。しかし，憲法には典型的な法とは言いがたいところがあります。本章では，そのことについて説明します。

　憲法ということばもいろいろな意味で使われます。聖徳太子が定めたと言われる「十七条の憲法」のように，かつては「きまり」とか「おきて」という大雑把な意味で使われていました。

　国家の根本について定めるきまりという，現在の普通の受け止め方が広がったきっかけは，1882 年に伊藤博文をヨーロッパ各国の憲法制度の調査に派遣した際，勅語に付帯していた調査事項の１つとして，「欧州各立憲君治国の憲法に就き其淵源を尋ね其沿革を考へ其現行の実況を視利害得失の在る所を研究すへき事」が挙げられていたことで，この頃から，国家の根本法の意味で「憲法」ということばを用いることが一般化したと言われています。

　さて，手近にある憲法の教科書を開いてみると，最初に憲法ということばのいくつかの意味が説明されていると思いますが，その中には必ずと言ってよいほど，「形式的意味の憲法」と「実質的意味の憲法」の説明が挙げられていると思います。

　形式的意味の憲法は，ごく単純に言うならば，憲法という名前

のついた法典として理解することができます。憲法典と呼ばれることもあります。現在の日本には，日本国憲法という法典があります。アメリカには，アメリカ合衆国憲法（The Constitution of the United States）という法典があります。これらがそれぞれの国の形式的意味の憲法です。ドイツ連邦共和国の「基本法Grundgesetz」のように，東西ドイツの統一後に新たな憲法を制定することを想定していたという特殊な歴史的経緯から「憲法Verfassung」という名前のついていない形式的意味の憲法を持つ国もあります。

　形式的意味の憲法は，通常の法律よりも改正が難しくなっていることがよくあります。そうした憲法を硬性憲法と呼びます。憲法典に書き込むべきことがらは，その社会で中長期的に守っていくべき大原則や日常的な党派政治の都合で動かすべきでないルールであることが多いので，改正が難しくされるわけです。

　形式的意味の憲法はある国とない国があります。イギリスやイスラエルには，まとまった形の憲法典はありません。

　他方，実質的意味の憲法は国家である以上は必ず存在すると，これもたいていの憲法の教科書には書いてあるはずです。肝心な点は，なぜ国家である以上，必ず実質的意味の憲法が存在するかです。その謎を解く鍵は，国家というものの性格にあります。

約束ごととしての国家

SECTION 2

　今までも本書のあちらこちらで説明してきたことですが（第**5**章**3**，第**6**章**2**），国家は私たちの頭の中にしかない約束ごとです。法律学特有のことばを使うと，国家は法人です。約束ごとなので，国家は目にも見えず，手で触れることもできません。国家がそのあたりを歩き回ったり，話をしたりすることもありません。

　そうは言っても，私たちは国があたかも話をしたり，行動したりするかのように考え，そのように表現することがあります。中国とアメリカが話し合いをするとか，イギリスとアルゼンチンが戦争をするとか。

　しかしそうした場合でも，実際に話し合いをするのは，中国の国家主席である具体的個人と，アメリカの大統領である具体的個人です。戦争をする際も，魚雷の発射ボタンを押したり，爆撃機を操縦したりするのは，具体的な個人です。そうした個人の行動を私たちは国家の行動とみなしているわけです。

　もちろん，あらゆる個人のあらゆる行動が国家の行動とみなされるわけではありません。日本の首相がゴルフをしたからと言って，日本がゴルフをしたことになるわけではありませんし，イギリスの首相が新型コロナウイルスに感染して集中治療室に入ったとしても，イギリスが集中治療室に入ったことにはなりません。

もちろん，みなさんが大学の定期試験で失敗して留年したとしても，日本が留年することにはなりません。

どの特定の個人の発言や行動のうち，どれが国家の発言や行動とみなされるべきか，それを決めているのが実質的意味の憲法です。ですから，あらゆる国家に実質的意味の憲法があるのは，当然のことで，いわばトートロジーです。野球というゲームをするためには，野球のルールが必要であるように，国家というゲームをするためには，実質的意味の憲法が必要となります。

ただ，ある国の実質的意味の憲法が残らずその国の形式的意味の憲法に取り込まれることは，まず考えられません。それでは，大変膨大な量の憲法典になってしまうでしょうし，考え方次第では，その国の法令の大部分が実質的意味の憲法だということにもなります。最も重要な基本的部分だけが，憲法典に取り込まれているものです。

実質的意味の憲法の定めに従って，特定の手続を経て特定の個人（または集団）が行った行為で，かつ，一定範囲内の内容を持つものだけが，国家の行為だということになります。たとえば，日本国憲法の場合で言えば，国会議員と呼ばれる人々が，衆参両院で法律案を議決し，しかもその内容が憲法第3章の定める基本権を不当に侵害するようなものでない場合は，それは有効な法律，つまり日本という国家の意思決定としての意味を持ちます。成立した法律は，内閣を頂点とする行政権によって具体的な場面で執行され，また，裁判所によって，具体的な紛争を解決する際に適用されます。

　ところで，実質的意味の憲法の内容は，国によってさまざまです。1人の独裁者の決定した意思がそのまま国家の意思だとされるような，危険なほど分かりやすい国家もあり得るでしょう。

　しかし，そもそも国家は人々が平和に人間らしく暮らすことのできる条件を整えるために設立されたもののはずですから，国家権力の行使のあり方については何か歯止めとなる原則があるものでしょう。それは，権力者の地位に誰が就くかが世襲で決まっている国家でも，有権者の選挙で決まる国家でも同じです。選挙で選ばれたのだから，どんな乱暴な権力行使をしても構わないということには，ならないはずのものです。

　このように，国家権力の行使のあり方には歯止めとなる原則があり，それが実質的意味の憲法の内容になっていて，憲法典が制定される場合には，それにも組み込まれているという考え方を，広い意味（広義）での立憲主義（constitutionalism）と呼びます。

　広い意味での立憲主義は，古典古代のギリシャ，ローマにも，また中世のヨーロッパにもあったと言われます。第3章4で説明したように，中世のヨーロッパでは，さまざまな身分の人々にはその身分に応じた役割と生きる目的があり，それに応じた行動が求められるものだと考えられていました。王侯貴族にも当然，

求められる役割があり，それに従って政治権力は行使されるべきものです。ある種の立憲主義はその時代にもあったことになります。

　他方，狭い意味の立憲主義もあります。近代立憲主義（modern constitutionalism）と呼ばれるものです。

　マルティン・ルターの95か条の論題の提示（1517年）によって本格的に開始した宗教改革は，教会の分裂を招きました。当時の人々にとって，信仰は生きる意味やこの世の存在する意味をも教えてくれる重要なものでした（今でもそうである人は多いでしょう）。自分がこの世で正しい信仰をつかみとることは，永遠に続く来世で幸福に暮らすことを保障してくれるはずでした（信仰にはエゴイスティックな側面がつきものです）。自分にとって正しい信仰は他の人にとっても正しい信仰のはずです。しかも，対立する複数の宗派のうち，どれが正しい信仰かを判断する客観的なものさしはなく，比較不能[1)]ですから，宗派間の抗争は激烈なものとなりがちです。血みどろの宗教戦争がヨーロッパ全体を大混乱に陥

---

　1)　比較不能（incommensurable）であるとは，AとBのいずれを選ぶべきか判断がつかず，しかもプラスの価値のあるCをいずれかに足しても（たとえばA+C）にしてもやはりA+CとBのどちらを選ぶべきか判断できない場合を指します。つまり，AとBとの間には，いずれを選ぶべきかを判断するための共通のものさしがありません。昼食でカツカレーを食べるかミートスパゲッティを食べるか判断がつかず，かりに同じ値段でカツカレーにおまけでヨーグルトが付くとしても，やはりどちらを選ぶか判断がつかないとき，カツカレーとミートスパゲッティは比較不能です。ここで言う「比較不能」は上述の定義にもとづく特殊な用語で，いかなる意味でも比較できない（たとえば価格やカロリー量で）ことは意味しません。

れました。

　この戦乱の中から登場したのが，近代立憲主義です。自分たち
が正しいと信ずる原理・原則にもとづいて殺し合いを続ければ，
誰も生き残ることができないのではないか。存在するのかどうか
も不確かな来世のことより，あることが分かっているこの世で平
和に人間らしく暮らすことを第一に考えるべきではないか，その
ためには，どのような信仰，どのような世界観を抱いている人で
あっても，それを理由に差別されることなく，あらゆる人を独立
した良心を持つ個人として，自分がいかに生きるかいかに行動す
るかを理性的に判断し得る主体として，公平に扱う社会を構築す
べきではないか。それが近代立憲主義の核心にある思想です。個
人を尊重するというのは，そういうことです。

　18世紀後半に制定された各種の憲法典——アメリカ合衆国憲
法，フランス1791年憲法等——は，近代立憲主義に立脚した憲
法で，近代的意味の憲法と呼ばれます。これらの憲法に付された
権利宣言は，近代立憲主義の中心にある原理原則を示しています。

　日本国憲法も近代立憲主義に立脚する憲法典です。近代立憲主
義も，広義の立憲主義に含まれますから，政治権力を一定の原則
によって拘束すべきだと考えます。拘束する原理の内容に特徴が
あるわけです。

近代立憲主義は，人々をその信念や世界観で差別せず，あらゆる人を公平に扱う社会の構築を目指します。その主要な手立ての一つが公と私の区分です。

公私の区分はいろいろな局面でいろいろな意味で使われる言い回しです。「公金を私的に流用するな」とか，「私を捨てて公に奉じよ」と言われるときにも，公私の区分は前提となっています。ここで問題となる公私の区分は次のようなものです。

人々によって国家が設立され，運営されるのは，特定の個人や特定の集団の利益を図るためではなく，社会のメンバー全員にとっての中長期的な利益を実現するためです（そうではないように見える国家も現実には存在しますが）。そうである以上は，国家の政策決定にあたっては，特定の個人や集団の私的利益を図るためという理由づけではなく，社会全体の中長期的な利益（公益）を図るためという理由づけが必要です。とりわけ，特定の信念や世界観を奉ずる人々の利益を図り，そうでない人々を二級市民扱いするような政策を決定・実施すれば，その社会は宗教戦争同様の激烈な内部対立に陥りかねません。

公と私の区別は，公の領域で活動する政府が行動する際の理由づけを限定します。社会全体の中長期的利益を図るため，それを

根拠としてのみ政府は行動する。特定の信念や世界観を抱いていること，特定の人種や民族や性別に属していること，特定の団体に属していること等を理由に一部の国民を優遇したり，不公平な取扱いをすべきではありません。

もし信念や世界観を理由として不公平な取扱いを受けたならば，その人たちは，もう社会全体の利益のために貢献しようとはしなくなるでしょう。特定の人種や民族や性別を理由とするときも同じです。自分も同じ社会のメンバーなのだという社会の一体感を崩壊させかねません。

何が社会全体の利益にかなうか，それについて議論を重ねても決着がつかないことはあり得ます。そのときは，多数決で決着が図られます。

他方で，人々がそれぞれ大切にしている信念や世界観，それにもとづくそれぞれの人の生活は，守られなければなりません。「公」と対比される「私」の世界も大切です。

「私」の世界は，まずは民法典，刑法典などで構成される一般的な法秩序によって各自に自由な判断と行動の余地が確保されていることを通じて保障されます。さらに，憲法で定められた基本権条項は，議会をはじめとする政府の機関が，人々が大切にしている信念や世界観，日常のいろいろな行動や職業の営み，それを通じて形成した財産を，法令等を通じて不当に侵害すべきでないことを宣言しています。「私」の世界での1人1人の自由な生き方が守られてこそ，人々には「公」の世界での社会全体の利益の実現に協力しようとする心が育ちます。

憲法の基本権条項は，最後は裁判官や公務員を含めた１人１人の国民に，いざというときは便利な道具である法に従うのはやめて，自分自身で何が正しいことか判断するように呼びかけています。

憲法は法か

4　　SECTION　5　　6

　第**8**章２でも説明したことですが，基本権を保障する条文は，少なくとも典型的な法とは言えません。人々がどのような行動をとるべきかを具体的に指示していないからです（被疑者を逮捕するときは裁判官の発給する令状によるべきことを要求する条項（憲法33条）は，むしろ例外です）。

　裁判の場における基本権条項の主な役割は，法として機能する条項が不適切な帰結をもたらすことから，その適用を排除する（権威を解除する）ことにあります。そうした司法の判断が定着し，判例となると，その判例は権威ある法として機能を始めます。基本権条項は，道徳と法とをつなぐ架け橋の役割を果たします。

　他方，基本権条項以外の憲法の条項の中には，法として機能することを期待されている条項が少なくありません。国会が衆議院と参議院とで構成されること（憲法42条），参議院議員の任期が６年で３年ごとに議員の半数が改選されること（憲法46条），国

会の常会は毎年1回召集されること（憲法52条）などがその例です。

　もっとも，憲法典の条文は簡潔を旨とするところがありますので（日本国憲法はとくにそうです），国会，内閣，裁判所等の組織や権限についても，具体的な規定が法律に委ねられていることもありますし，解釈を要する点も少なくありません。第7章で扱った，衆議院が解散されるのはどのような場合なのかという問題は，解釈を必要とする問題の典型例です。

　こうしたわけで，憲法は法か，という問いに対する単純な回答はありません。法とは言いにくい条文が少なからず含まれていることは確かですが，すべてが法でないわけでもない。個別具体の条文ごとの，またその条文が適用される具体の事案ごとの考察が必要となります。

憲法を「改正」すると何が変わるのか

5　SECTION　6

　世の中には，憲法を変えることに大変なエネルギーを注いでいるように見える人々がいます。どこでもよいからとにかく憲法のどこかを変えたい，それでいいと思っているように見える人たちもいます。

　ただ，憲法の条文を変えたときに，その結果として一体何が変

わるのかは，それぞれの条文の性格によります。

　その条文が人の行動を指示する法としての性格を色濃く持っていれば，条文を変えると人々がとるべき行動も明らかに変わるでしょう。たとえば，憲法45条を改正して衆議院議員の任期を2年にしたり，49条を改正して国会議員が歳費を受け取ることを禁止したりすれば，明らかに人々──まずは衆議院議員や国会議員──のとるべき行動は変わります。

　他方で，基本権条項の多くがそうであるように，法の適用が不適切な結果をもたらすときに，道徳を勘案して法の適用を排除することに主要な機能がある条文を変えても，何が変わるかは，直ちには分かりません。かなりの程度までそれは，裁判官，とりわけ最高裁判所の裁判官がどのような道徳的判断を具体の紛争解決の際に取り込もうとするかに依存します。

　良識を欠いた国会議員の人々の改正提案がテレビやインターネットを通じた広報宣伝活動の結果，国民投票で承認されてしまい，近代立憲主義の基本原理を否定するような条文が憲法典に取り入れられてしまったとしても，その条文を裁判官がどのように解釈するかは，条文を読んだだけでは分からないわけです。それは個々の裁判官の良識次第です。

　憲法の条文の変更はそもそも軽々しく議論すべきことではありません。改正手続を定めた規定（憲法96条）がある以上，改正に向けた議論をしないのは国会議員の怠慢だという主張は，最高裁判所には違憲審査権がある以上（憲法81条），どんどん違憲判断を出すべきだという主張と同様，常軌を逸しています。ただ，か

りに改正が必要だと多くの人々が考える条文があるとしても，その条文を変えたとき——具体的な変え方にもよりますが——その結果として何が起こるかを十分に検討する必要があります。その答えは，条文ごとに違うはずです。すべての条文が同じ性格をしているわけではありませんから。

参考文献

憲法ということばの意味や立憲主義についての説明は，多くの憲法の教科書でなされています。さしあたり，拙著『憲法講話』〔有斐閣，2020〕第1講「近代立憲主義の成立」をご紹介しておきます。

近代立憲主義にしても，それを基礎とする憲法典や国家にしても，それらの価値はあくまで手段としての価値です。憲法や国家それ自体に，何か内在的・本来的価値があるわけではありません。近代立憲主義やそれにもとづく憲法や国家に価値があるとすれば，人々が本来的に価値のある生を送るための，おそらくは不可欠の条件を整えてくれるからです。

何に本来的な価値があるかは，人によって考え方が異なるでしょう。美しい芸術作品を，その美しさを十分に理解しながら鑑賞し，感動を覚えることにこそ本来的な価値——善——があると考える人もいるでしょうし，さまざまな人々と交流し，その中の限られた人とは家族として暮らし，日々の楽しみや苦しみを分かち合い，悦ばしい人生をともに送ることにこそ本来的な価値があると考える人も

いるでしょう。あるいは，宇宙の神秘や世の中のあり方に関する真の知を探究し，その成果を周りの人たちや後の世につたえることに本来的な価値を見出す人もいるでしょう。

これらのものとは異なり，近代立憲主義や憲法や国家に，本来的な価値はありません。憲法や国家に何か本来的な価値があり，人はそれらが与えてくれる価値を分かち合うことではじめて意味のある人生を送ることができるという考え方は，思考の混乱を示しているだけです。財産権や営業の自由に手段としての価値しかないという主張は，理解しやすいでしょう。しかし，表現の自由や思想・信条の自由にあるのも手段的価値だけです。

表現の自由が十分に保障されている社会では，すばらしい文学作品，優れた哲学的著作が創造される蓋然性が高く，人々はそれらを享受することができます。それにこそ本来的意味があります。人々が表現の自由を楯に，好き勝手な下らないことを自由に言ったり書いたりすることに意味があるわけではありません。本来的にも手段的にも価値の乏しい表現を生み出すために表現の自由を使う人も少なくありません。

基本権が十分に保障され，人々がそれぞれ本来的な価値を追求し，手に入れている社会は善い社会ですし，基本権はそうした善い社会の不可欠の構成要素であると言うことはできます。しかし基本権にあるのは，あくまで手段的価値です。とても重要な手段的価値ではありますが。

法律案が両院で議決されても，その内容が基本権を不当に侵害するものであれば，有効な法律としては成立しないと本文では説明しました。憲法98条1項の規定を額面どおりに受け取ると，そうなります。ただし，額面どおりに受け取ってよいか，疑問がないわけ

ではありません。基本権を不当に侵害する法律も，法律としては有効に成立する。しかし，いざその法律に違背したとして誰かが罪に問われた場合，裁判所はその法律が憲法違反だとして適用しない（法としての権威が解除される）だけだという理解も成り立ちます。実際には，現在の日本での運用はそうなっています。

　こうした事態をどう理解すべきかが問題となります。ハンス・ケルゼンは，憲法は，憲法の規定するとおりに法律が制定されることも認めているが，憲法の規定に反して法律が制定されることも認めている，後者については，違憲審査機関がその効力を後から否定することができるだけだと述べています（『法と国家の一般理論』〔尾吹善人訳，木鐸社，1991〕256–257頁）。裁判所にわざわざこの法律は無効だと判定してもらわなければならないこと自体，違憲な法律も有効に成立していることを示しているというわけです。そうなのかもしれません。

　裁判所による違憲審査の方法も国によってさまざまです。この点については，前掲拙著『憲法講話』370頁以下「違憲審査の類型」をご覧ください。

　裁判所による法令審査の根拠となる憲法ないしそれに相当する法律の条文の通常の意味をほとんどくり抜いてしまうような解釈の例として，イスラエルを「ユダヤ的民主国家」であるとする同国の「人間の尊厳と自由に関する基本法」に関する，アーロン・バラク裁判官の解釈があります。彼はイスラエルの最高裁長官を長く務めました。イスラエルにはまとまった1つの憲法典はありませんがいくつかの基本法があり，最高裁判所は基本法に違反すると判断した法律を無効とし，適用しません。

　バラク裁判官によると，「ユダヤ的国家」ということばが意味し

ているのは，イスラエルがユダヤ教の基本的諸価値を擁護する国家であるということであって，その基本的諸価値とは，「人類への愛，生命の神聖性，社会正義，衡平，人間の尊厳の保護，立法府をも対象とする法の支配等」です。要するにまっとうな民主国家であれば，どこであれ尊重されるべき普遍的諸価値を擁護する国家だということになります。この点については，拙著『憲法学の虫眼鏡』〔羽鳥書店，2019〕87頁以下「『ユダヤ的国家』万歳」をご覧ください。

発 展 問 題

　日本国憲法の条文を読んで，法として機能しそうなものとそうでないものとを区分けしてみてください。法として機能するとして，それぞれにどの程度の切れ味があるでしょうか。

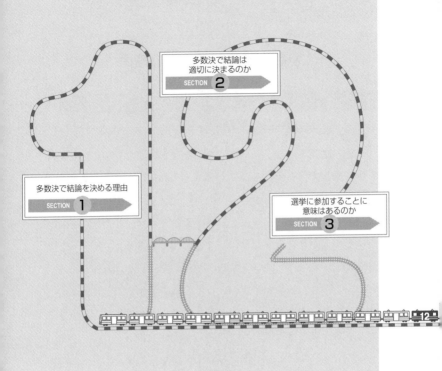

多数決で結論は
適切に決まるのか
SECTION **2**

多数決で結論を決める理由
SECTION **1**

選挙に参加することに
意味はあるのか
SECTION **3**

第 **12** 章

多 数 決

　集団が統一的な決定を行うとき，しばしば多数決が決定の手続として
用いられます。なぜでしょうか。多数決は，いつも首尾一貫した決定を
もたらしてくれるでしょうか。

多数決で結論を決める理由

SECTION 1 2

　人々の集団で，統一した決定をしなければならないことがあります。昼食で何を食べるかであれば，それぞれが好きなものを選べばよいでしょう。しかし，その集団が誰をリーダーにするかを決めるとき，ある人がリーダーになることに賛成した人にとってだけその人がリーダーだということにはできません。

　ある国が別の国と戦争をするかどうかを決めなければならないというときも，戦争をしたい人だけが戦争をすることにはできません。国としての統一した決定が必要です。ある法律を制定するかどうか，誰を首相にするかの決定もそうです。

　このように集団として統一した決定が必要となるとき，しばしば多数決で結論が決められます。議会でも団体の役員会でも，15人の裁判官からなる最高裁判所の大法廷でもそうです。なぜでしょうか。理由があると言われています。

　多数決には単純多数決と特別多数決とがあります。単純多数決が多数決の標準型で，別の言い方をするならベースラインでしょう。

　現状を維持すること自体が大事なので，簡単にそれを変えるべきではないという理由から，特別多数決で結論を決める手続がとられる場合もあります。日本国憲法の96条1項は，憲法改正の

発議をするには，各議院において総議員の3分の2以上の賛成が必要だと定めています。憲法で定められている原則やルールは，日本国民が中長期的に守り維持していくべき政治や社会の基本となるべきもののはずですから，現状維持に向けて，手続に傾斜がつけられているわけです。

　以下で説明するのは，なぜ単純多数決でものごとを決めるのか，その理由です。

　第1に，単純多数決が個人の自律的な決定を尊重する手続だからという理由づけがあります。うっかりすると，全員一致の決定手続こそが個々人の自律的決定を尊重しているように思うかもしれません。しかし，全員一致でしかものごとが決まらないとなると，たった1人の反対で残り全員の自律的な決定が阻害されます。3分の2を超える特別の多数決でしかものごとが決まらないことにすると，3分の1のメンバーの反対によって，残りの3分の2の自律的な決定が阻害されます。結局，単純多数決が，自律的決定が阻害される人の数を最小にする決定手続だということになります。ケルゼンがこうした議論を展開しています。

　もっともこの議論は，集団が統一的決定を行うとき，個々人の自律性を尊重することがなぜ大事なことなのかを説明していません（昼食に何を食べるかなど，本来個人の自由に任されていることであれば，個人の自律性を尊重することは重要でしょうが）。それは単に前提とされているだけです。

　第2に，功利主義（utilitarianism）にもとづく説明があります。功利主義は，社会全体の幸福の量を可能な限りで最大化すること

自体が善いことだという考え方です。今，修学旅行で京都に行くか北海道に行くかが問題になっているとします（全員が同じ所に行くことになっているとしましょう）。このとき，クラスの多数決で京都に行くことに決まったとします。ということは，北海道よりは京都に行くことで幸せになる人の数が，京都より北海道に行くことで幸せになる人より多かったことになります。北海道に行くことにするより，京都に行くことにした方が，クラス全員の幸福の量は増えることになりそうです。

　もっとも普通，この種の多数決は1人1票で行われますから，北海道に行くことで天にも昇るほど幸福になるという人も，京都の方がいくらかマシかと思う人も同じ1票として数えられます。幸福の集計の仕方が正確でない可能性もあります。それに，幸福になったり不幸になったりするのは各個人なのに，個人を超える単位である集団全体の幸福の量を問題にすることにどれほどの意味があるのかという疑問もあります。

　それとも，北海道に行くことでものすごく幸福になるという人には，その分だけ多くの票を与えるべきなのでしょうか。それでは，1人1人を平等に扱うという原則に反するように思われます。感情の起伏の大きい人や声の大きい人の意見を重く評価することに，何か意味はあるでしょうか。しかも，ものすごく幸福になるかどうか，どうやって正確に知ることができるでしょうか。自分の真情を誤魔化して票を余計に得ようとする人の行動を阻止することができるでしょうか。

　第3の説明として，**コンドルセの定理**にもとづくものがあり

ます。コンドルセはフラン
ス革命当時の政治家ですが，
数学者でもありました。彼
が定式化した定理として知
られているのがコンドルセ
の定理です。それによると，

選択肢が2つある問いに対する集団のメンバーの判断能力が，平
均して2分の1を超える確率で正解を選ぶことができるというも
のであるとすると，メンバーが単純多数決で正解に到達する確率
は，投票に参加するメンバーが多ければ多いほど高まり，全員が
参加すると100パーセントになります。

　大きな壺の中に赤い玉と白い玉とがはいっていて，全体として
赤い玉の方が白い玉より多いとします。このとき，壺に手を突っ
込んでサンプルとして玉をいくつかつかみだすとすると，つかみ
だした玉の数が多ければ多いほど，サンプル中で赤い玉が白い玉
より多い確率は高まります。すべての玉を出してしまうと，前提
からして必ず赤い玉の方が多くなります。それと同じ話です。

　ただ，この説明は，2つの選択肢のいずれかは正解であること
を前提としていますが，世の中の問題がすべてそういうものかと
言えば疑わしいところがあります。人々が直面する選択肢のうち，
少なからざるものは相互に比較不能です（**第11章3**参照）。

　また，この定理からすると，メンバーの能力が低くて正解を選
ぶ確率が平均して2分の1を下回っていると，投票に参加するメ
ンバーの数が多ければ多いほど，多数決で正解に到達できる確率

は低下します。有権者や国会議員の判断能力は実際にはどうでしょうか。

　さらに，現代の議会では，議員は個々人の判断にもとづいて投票するわけではなく，所属する政党の指示にもとづいて投票します。実質的な投票者は各政党の党首だけですので，この定理をそのままあてはめるわけにはいきません。

　第4の説明は，多数決でも構わないというものです。集団としての統一的な決定が必要なのだとすると，とにかく何かの手続でそれを決める必要があります。独裁者の命令で決めてもいいし，時間に余裕があるのなら長年にわたる慣行の形成に期待することもできます。そして，多数決で決めても構いません。

　つまり，どういう手続で決定するかも一種の調整問題なので，多数決で決めることに決まっているのなら，それでも構わないというものです。多数決で決めるといったん決まった以上は，それを簡単に動かしてはいけません。

　以上のように，なぜ多数決で決めるのかについては，いろいろな理由が考えられます。逆に言うと，なぜ多数決で結論が決められたのか，その理由に遡ると，果たしてその結論にどこまで縛られるべきなのか，その射程についてもだいたい勘が働いてきます。多数決で決まったことだから，必ずそのとおりにすべきだということになるわけではありません。

多数決で結論は適切に決まるのか

● ポワッソンのパラドックス

　なぜ多数決なのかという問題と並んで，多数決で本当に首尾一貫した回答を生み出すことができるのかという問題があります。いろいろな問題が考えられますが，ここでは，多数決に参加する各メンバーの「理由」を集計したときの結果と各メンバーの「結論」を集計したときの結果が食い違いを起こす可能性について説明します。この問題は，最初に定式化したフランスの数学者の名前をとって，**ポワッソンのパラドックス**と呼ばれます。

　刑事事件を裁く裁判所は3人の裁判官の合議体であることがあります（裁判所法18条1項2項・26条2項3項）。

　刑事事件では，被告人が，①窃盗や殺人など，法律が定める行為類型（「犯罪構成要件」と呼ばれます）にあてはまる行為を行ったこと，②正当防衛（刑法36条1項）や正当行為（刑法35条）など，違法性を阻却する事由がないこと（裏側から言えば違法性があること），③心神喪失（刑法39条1項）など責任を阻却する事由がないこと（裏側から言えば有責であること）がすべて証明される必要があります。どれかが欠ければ，被告人は有罪ではありません。

　今，3人の裁判官がある被告人について次のように考え

ポワッソン

Siméon-Denis Poisson（1781–1840）は，フランスの数学者。確率論におけるポワッソン分布で知られています。

ているとしましょう。

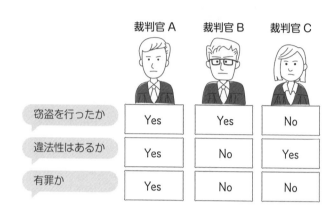

	裁判官 A	裁判官 B	裁判官 C
窃盗を行ったか	Yes	Yes	No
違法性はあるか	Yes	No	Yes
有罪か	Yes	No	No

　裁判官Cが，被告人は窃盗を行っていないのに違法性があると判断しているのはおかしいと思われるかもしれませんが，違法な窃盗は行われたが，それは被告人が行ったことではないと判断していることもあるでしょう。

　このとき，個別の論点について順に3人の裁判官で多数決をとると（裁判所法77条参照），被告人は窃盗を実行しており，その行為に違法性はあるので有罪となります。ところが有罪か否かの結論について多数決をとると，2対1で無罪になります。

　このパラドックスについては，高名な訴訟法学者の間でも，論点ごとに多数決をとってその論理的帰結を判決とすべきだという意見と，まず結論に関して多数決をとるべきだという意見とに分かれています。

　裁判には理由を付す必要がある以上，判断過程の論理的道筋に

従った論点ごとの多数決が必要だという議論にも一理ありますが，しかしこれではパラドックス発生の可能性に目をつぶっていることにはならないでしょうか。これは，どちらかに決まっていること自体が大事なことだというわけでもないでしょう。

選挙に参加することに意味はあるのか

選挙に参加することに意味はあるに決まっている，民主国家で選挙で投票に行くのは，有権者としての権利でもあるし義務でもあるというのが常識的な答えでしょうが，そうでもないという見方もあります。

政治学者の**アンソニー・ダウンズ**は，「個々人の票など大海の1滴にすぎない。投票全体の中で1人の投票が選挙の結果を左右する確率は，ゼロではないにしろ極めて小さい」と言います。そうなのかもしれません。そうであれば，夏の暑い日，冬の寒い日，わざわざ投票に出掛けることは，合理的でない行動でしょう。自分がつらい思いをするというだけではなく，世のため人のためにそもそもなっていない（なるとしてもその確率はきわめて低い）からです。

こういう調子で考えていくと，たとえば献血をしたり飢

アンソニー・ダウンズ

Anthony Downs（1930-）は，アメリカの政治学者，経済学者。主著に『民主主義の経済理論』があります。

餓難民のために寄付をしたりすることもそうでしょう。今日1日の必要な血液量を考えれば，私1人の献血がなし得る貢献はほとんどなきに等しい。そうであれば，わざわざ献血に出掛けることは必要でもなければ合理的でもない。もし多くの人が同じように考えるのであれば，私がどう行動しようが，結局，必要な量の献血がなされることはあり得ない。そうであれば，私が献血する必要はますますない，ということになりそうです。

かなりの人がこういう考え方をするようになれば，民主主義そのものが揺るがされることになりそうです。

しかし，あなたが投票に出掛けることに本当に意味はないのでしょうか。世の中には，選挙のたびに，自分が投票することはもちろん，ほかの人にもいろいろ熱心に働きかける人々がいます。そういう人たちは，投票することに意味がないとは思っていないはずです。むしろ，かなりの人が投票に意味はないと考えて棄権するようになれば，一定の票数を揃えることのできる集団のメンバーにとってみると，自分たちの支持する候補者を当選させる確率が高くなります。

棄権率を勘案すると，ある選挙区で5万票を固めることができれば，あなたの支持する候補者が当選しそうだということが分かっているとします。いろいろと情報を集めた結果，5万票くらいには届きそうです。そうであれば，あなたが投票することは合理的です。目指す目的を実現することに役立ちます。

これは，1人では持ち上げることのできない大きな石を10人でなら持ち上げることができる場合と似ています。9人でもダメ

ですが，10人なら大丈夫です。選挙の場合はそれが何万人かに
なりますし，事前に明確な線を引くことが難しいでしょうが，基
本的な考え方は同じです。5万人が「ヨイショ」と持ち上げれば，
自分たちの支持する候補者が当選します。選挙で投票に行くこと
には意味があります。

　もっともその前に，どの候補者を支持すべきかをいろいろと情
報を収集して判断する必要があります。「自分自身や自分の家族
の直接の利益になるわけではないのに，なぜそんな苦労をする必
要があるのか，ただでさえ忙しいのに」と思うかもしれませんが，
そんな考え方では，結局，一部の利益集団に政治過程を擅断され
てしまいます。そうなったら，第2章4で説明したように，法
の支配もおしまいです。民主主義そのものの正当性も疑われかね
ません。

　自分がこれからも，自分たちの子孫がこれからも，民主主義の
下で，法の支配の下で生きていくことができるか，それが問われ
ています。

参考文献

　ケルゼンの多数決に関する議論については，彼の『民主主義の本
質と価値　他一篇』〔長尾龍一＝植田俊太郎訳，岩波文庫，2015〕22頁
をご覧ください。

功利主義の哲学者としては，ジェレミー・ベンサムが有名です。彼の主著は「道徳および立法の諸原理序説」〔山下重一訳〕（『世界の名著49　ベンサム　J. S. ミル』〔関嘉彦責任編集，中央公論社，1979〕所収）です。

　ベンサムは，イギリスの伝統的な判例法を徹底的に批判したことで有名です。彼によると裁判官がその場でこしらえる判例法による裁判は事後法の典型で，行為をしてしまった後になってそれを制裁する点で，犬のしつけと同じです。法は明確で一般的で公開された制定法として人民に示されるべきであって，そうであってはじめて人々は政府の行動を予測して何が自分たちの利益になるかを計算することができます。その結果，社会全体の幸福の量も増大します。ベンサムの議論は，第**2**章で説明した法の支配の諸要請を基礎づけるものでもあります。

　イギリスで判例には厳格な法的拘束力があるとされるようになったのは，判例法が法の支配の諸要請に反するというベンサムの批判に対応するためであったと考えられています。

　コンドルセの定理については，さしあたり拙著『比較不能な価値の迷路〔増補新装版〕』〔東京大学出版会，2018〕第6章「多数決の『正しさ』──ルソーの一般意思論とコンドルセの定理」をご覧ください。

　ポワッソンのパラドックスと日本における議論の状況については，とりあえず，拙著『憲法学の虫眼鏡』〔羽鳥書店，2019〕114頁以下「ポワッソンのパラドックス」をご覧ください。

　選挙での投票に意味はあるのかどうかについては，とりあえず拙著『憲法の円環』〔岩波書店，2013〕第9章「多元的民主政観と違憲審査」をご覧ください。

選挙で投票に出掛けることに意味はないという考え方（自分が献血することに意味はないという考え方も）の暗黙の前提は次のようなものです。献血1単位では必要な献血量には足りない。献血2単位でもそうだ。もし献血n単位で必要な量でないとすると、n+1単位で急に必要な量に達することは考えにくい。だとすると、数学的帰納法によって、いつまでたっても献血が必要な量に達することはないはずだ。

　これは、「山のパラドックス sorites paradox」と言われているものです。枯れ葉1枚では山とは言えない、2枚でもそうだ。枯れ葉n枚で山になっていないとき、n+1枚で急に山になることは考えられない。だとすると数学的帰納法で枯れ葉が何枚積もろうとも、山になることはない。

　そんなことはないはずです。枯れ葉が積もれば、いつかは山になります。十分な数の人が献血すれば、必要な献血量は達成されます。だまされてはいけません。

発展問題

1 多数決が機能不全を起こすことをコンドルセの定理にもとづいて説明できる場合として，どのような場合が考えられるでしょうか。また，ポワッソンのパラドックスが発生する状況の具体例を考えてみてください。

2 山のパラドックスでだまされそうになる問題として，具体的にどのようなものが考えられるでしょうか。

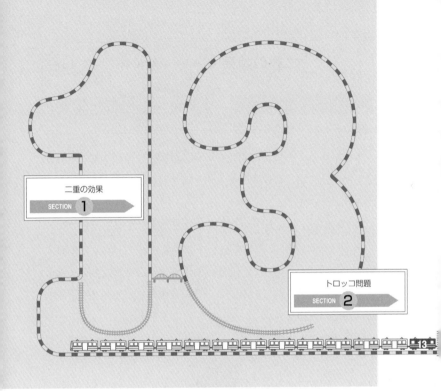

二重の効果
SECTION 1

トロッコ問題
SECTION 2

第 **13** 章

二 重 効 果

　世の中には，1つの行為が2つの効果をもたらすことが少なくありません。正当な帰結を意図してした行為が，同時に，誰かに害悪をもたらす行為でもあることもあります。そうした行為がそれでも正当と考えられるのはどのような場合でしょうか。

二重の効果 ● カトリックの伝統

SECTION **1** 2

本章で論じるのは法律問題なのか道徳問題なのか，切り分けが難しい問題です。法律問題でもあり道徳問題でもあると言うべきだろうと思います。

第**10**章で登場したトマス・アクィナスは，『神学大全』の中で正当防衛について論じています。アクィナスは，1つの行為が2つの帰結をもたらし，そのうち1つは意図されたものであり，いま1つは意図されていないということがあると述べます。正当防衛がその典型です。

正当防衛の1つの帰結は，行為主体の生命を救うことです。もう1つの帰結は，暴力をふるって襲いかかってくる者を場合によっては死亡させることです。アクィナスによると，もし，行為者の意図が自身の生命を救うことにあるのであれば，その行為は違法ではありません。暴力による攻撃を撃退するために必要な暴力を用いることは違法とは言えません。誰であれ，神から与えられた自身の生命を保とうとすることは自然なことだからです。しかし，防衛の意図があったとしても，自衛という目的に照らして必要な程度を超える実力を用いることは許されません。

また，自身を守るためとはいえ，それと意図して攻撃者を殺害することは許されません。アクィナスによると，人の命を故意に

奪うことが認められるのは，公共の秩序を守る任務を担う公的権威のみで，敵兵と戦う兵士や裁判官の命を受けて盗賊と戦う役人がその例です。しかしこうした地位にある者でさえ，私的な憎悪に動機づけられるならば，罪（sin）を犯すことになると，アクィナスは言います。

　人がある行為を実行したことで2つの帰結が生じることがあります。その1つは行為者が意図したものであり，もう1つは行為者にとって発生が予測はできるものの，意図はしていないものです。自分の身を守るために必要であるために，致し方なく，攻撃者を死に至らしめることがその典型だというわけです。

　トマス・アクィナスから大きな影響を受けた神学者の1人に，**ヴィトリア**がいます。彼の講義録の1つに『戦争法論』があります。その中でヴィトリアは，戦争の遂行にあたって，ときには，罪のない非戦闘員を過失によってではなく，結果を十分に予測した上で殺傷することも，それが意図せざる付随的な帰結である場合には，許される場合がある

と言います。

　たとえば都市や城砦に非戦闘員が居住していることを知りつつも，彼らを殺傷することなしには，大砲の発射や建造物への放火等により戦闘員を殺傷することもできない状況下で，それでも攻撃を仕掛

ヴィトリア

Francisco de Vitoria (circa 1485–1546) は，ドミニコ会の修道士。バスク地方のヴィトリアで生まれました。反宗教改革運動を思想面で支えた後期スコラ学派の始祖とされます。パリ大学で学んだ後，1526年からサラマンカ大学の神学講座の主任教授を務めました。中世以来の正戦論にもとづいて，新大陸におけるスペインの植民地政策をその正当化根拠に遡って根源的に批判したことで知られています。

ける場合がそうです。非戦闘員の殺傷が決して許されないとすると，敵の戦闘員と戦うことも，不可能になります。

もちろん，そうした場合も，戦争の遂行がもたらす悪しき帰結が目的である善い帰結を上回らないよう配慮する必要はあります。戦争に勝利する上で当の城砦にさしたる重要性がなく，しかもきわめて多数の非戦闘員が居住していることが判明しているときに，あえて攻撃を仕掛けるべきではありません。得られる利益と失われる利益のバランスを考える必要があります。非戦闘員の殺害は，それが意図せざる付随的なものであったとしても，それに加えて，開始と遂行に正当な根拠のある戦争を完遂するために他に手段がないという場合に，はじめて許されます。

アクィナスとヴィトリアの議論をまとめると，次のようになります。

① 1つの行為が予測可能な2つの帰結をもたらし，1つは意図された正当なものであり，もう1つは害悪ではあるが意図せざる帰結であること。

② その行為を遂行することが，意図された帰結を実現するために必要であること。

③ その行為の帰結を全体として見たとき，得られる利益が失われる利益を上回っていること。

以上の3つの条件が整っていれば，その行為は正当な行為です。

こうした議論（「二重効果理論 the doctrine of double effect」と呼ばれます）には，どの程度の説得力があるでしょうか。

トロッコ問題

1 SECTION 2

　二重効果理論は，純粋な帰結主義——ある行為の帰結をすべて勘案して差し引き計算した結果がプラスかマイナスかのみで当該行為の善し悪しを評価する立場——とは両立しません。第**12**章で扱った功利主義は，純粋な帰結主義の典型です。

　現代の道徳哲学者がしばしば議論の素材とするトロッコの諸事例（trolley cases）は，純粋な帰結主義を否定する二重効果理論の要点を直感的に示すために用いられることがあります。支線の事例（side truck case）を考えてみましょう。

　制御不能となったトロッコが猛スピードで軌道上を走っており，その前方にはどういう経緯かは分かりませんが5人が軌道に括りつけられているとしましょう。あなたが転轍機を操作してトロッコを支線に誘導すると5人の命は助かりますが，トロッコが誘導された支線の先には1人が軌道に括りつけられています。その1人の命は失われます。

　この場合，純粋な帰結主義からしても，転轍機を操作してトロッコを支線に誘導すべきだとの結論が得られそうです。1人の命は失われますが，5人の命が救われます。

　他方，二重効果理論からしても，結論は変わりません。あなたの意図はあくまで5人の命を助けることで，1人が失命するのは，

事前に予測できたこととはいえ，付随的な副作用にとどまっています。得られる利益と失われる利益のバランスもとれています[1]。

　しかし，太った見物人の事例（bystander case）では，結論が異なります。やはり制御不能となったトロッコが猛スピードで軌道上を走っていて，その前方には5人が軌道に括りつけられています。あなたは陸橋の上にいるのですが，すぐ脇では太った人が身を乗り出して様子を注視しており，注意がトロッコに集中しているその人を陸橋から軌道上に突き落とせば，トロッコを停止させて5人の命を救うことができます。

　この場合，純粋な帰結主義からすれば，あなたは彼を突き落とすべきでしょう。他方，二重効果理論からすると，彼を突き落として殺害することは，意図せざる副作用ではありません。むしろあなたは，5人が助かるという結果をもたらすための単なる道具として彼を扱っています。それは邪な意図にもとづく殺人として評価されるべきでしょう。

　理屈を離れた直感のレベルでは——おそらくは大部分の人にとって——支線の事例ではあなたはトロッコを支線へと転轍すべきであり，見物人の事例では彼を突き落とすべきではありません。

---

1)　少しややこしい話をしますと，二重効果理論で問題とされる「意図」は，犯罪の成立に際して必要とされる「故意」（刑法38条1項）とは異なります。1人が失命するという帰結は，予測もされ5人を助けるためには仕方のないこととして認容もされていますから，標準的な考え方からすると，あなたに故意はあります。しかし，5人の命を助けるという正当で，かつ，意図された帰結をもたらすために必要な致し方ない犠牲なのだから，正当な——違法性のない——行為と考えることができるのではないかが問題とされています。

それを説明できるのは，純粋な帰結主義ではなく，二重効果理論だということになります。

　もちろん，間違っているのはわれわれの直感の方であって，理論的に正しいはずの純粋な帰結主義に従って直感的結論は是正されるべきだという立場もあり得ます。しかし，**ダニエル・カーネマン**が指摘するように，心底厭わしい結論を正当化する道徳理論は，社会学的事実のレベルですでに，人々に広く受け入れられることはありません。そのため，道徳理論として生き残ることもありません。たとえ二重効果理論が正しい道徳理論ではないとしても，代わりに純粋な帰結主義を受け入れるべきことにはならないでしょう。

　注意すべきなのは，人為的に設定されたトロッコの諸事例では，あなたの目的や意図も，またあなたの行為によってひき起こされる結果も，手に取るように明瞭だということです。現実の世界では，そうはいかないでしょう。たとえば，正当な攻撃目標である敵国の軍需工場を爆撃したことで，その意図せざる帰結として周辺の住民にたまたま被害が及んでいるのか，それとも敵国民の戦意を喪失させるために，意図的に一般市民を標的とするテロ爆撃を行っているのか，簡単に区別ができるでしょうか。

　さらに，トロッコの諸事例では，トロッコの暴走はあなたがひき起こした事態ではありません。暴走するトロッコは，5人か1人かのいずれかを必ず轢き殺すことになります。あなたはいずれ

かを選ばざるを得ません。

　他方，戦争は開始せざるを得ないというものでは，必ずしもありません。また，戦争を開始したとしても，一般住民に被害が及ぶような攻撃を城砦に必ず仕掛けなければならないというわけではないでしょう。攻撃しないという選択肢も十分あり得ます。古代中国の思想家，孫子も敵の城を攻めるのは最悪の選択だと言っています。

　何が直接に意図されているか，結果のバランスがとれているか否かだけが，関連して考慮されるべき事項ではないように思われます。それからもう1つ，得られる利益と失われる利益のバランスも，それを計測する客観的なものさしがあると決まったものではありません。諸利益はしばしば，比較不能です（第**11**章**3**参照）。それでも判断は，せざるを得ません。

第**13**章 ● 二重効果

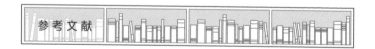

参考文献

　トマス・アクィナスの『神学大全』で正当防衛が議論されているのは，Thomas Aquinas, *Political Writings*（R. W. Dyson ed, Cambridge University Press 2002）263-264〔Summa theologiae, IIa IIae 64, articulus 7, responsio〕です。

　ヴィトリアの『戦争法論』は，英語になりますが，'On the Law of War', in Francisco de Vitoria, *Political Writings*（Anthony

176

Pagden and Jeremy Lawrence eds, Cambridge University Press 1991)
です。

トロッコの諸事例は，いろいろな道徳哲学者によって議論され
ています。最初にこうした思考実験を試みたのは，イギリス出身
でカリフォルニア大学で哲学を教えたフィリッパ・フットです。
Philippa Foot, 'The Problem of Abortion and the Doctrine of the
Double Effect', in her *Virtues and Vices* (Oxford University Press
1978) 19-32 をご覧ください。

ダニエル・カーネマンの発言があらわれるのは，Alex
Voorhoeve, *Conversations on Ethics* (Oxford University Press
2009) 80 です。この本には著者と 11 人の哲学者との対話が収めら
れています。タイトルには ethics とありますが，取り上げられて
いる話題の大部分は morality です。何人かの哲学者がトロッコの
事例について発言しています。

城攻めを下策とする孫子のことばがあらわれるのは，『孫子』〔金
谷治訳注，岩波文庫，2000〕46 頁〔謀攻篇第二〕です。

二重効果理論は，本文で描いた戦争や正当防衛の問題のほか，法
律学のいろいろな分野で（それとは気付かれずに）議論の対象と
されます。たとえば，憲法上の基本権とされる権利——表現の自由な
ど——は，本来制限してはならないはずのものです。基本権の制約
は避けるべき害悪ですが，それを上回る公共の利益の実現が意図
されていて，基本権の制約が付随的効果にとどまっており，しかも，
得られそうな利益が失われる利益を上回るとすれば正当な政府の活
動として認容されるという考え方はあり得ます。

一般論としてそうした考え方をとるとしても，基本権の種別に
よって，どれほど緊要な公共の利益の実現の意図が要求されるか，

参考文献

また，基本権の制約の範囲や態様が意図された公益の実現とどれほど緊密に関わり合っているべきかについて，裁判所が行うべき審査のあり方が変わってくるはずだという議論があります。また，政府が表向きは公益の実現が目的だと主張していたとしても，果たしてその主張を額面どおりに受け取っていいのかという問題もあります。このあたりの論点と議論の文脈については，たとえば拙著『憲法講話』〔有斐閣，2020〕90頁以下「『二重の基準』論」をご覧ください。

発 展 問 題

　激痛で苦しむ末期ガンの患者の痛みを抑えるために，その患者の余命を短くすることが確実に予測される薬を処方することは，正当な行為として許されるでしょうか。許されるとすると，どのような条件の下においてでしょうか。

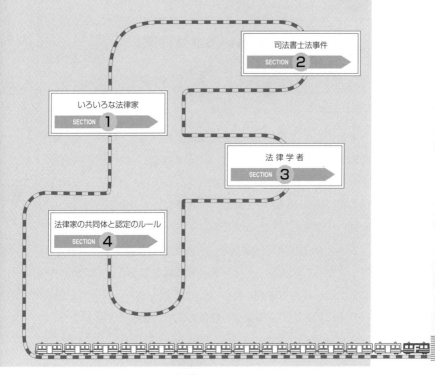

司法書士法事件
SECTION **2**

いろいろな法律家
SECTION **1**

法 律 学 者
SECTION **3**

法律家の共同体と認定のルール
SECTION **4**

終 章

法律家の共同体

　法律家と呼ばれる人々にも，裁判官，検察官，弁護士，法律学者など，いろいろな役割分担があります。みなさんの生きる社会の法が何か，それを決めているのは，主権者であるはずのみなさんではなく，法律家集団の慣行です。残念ながら。

いろいろな法律家

SECTION **1** 2

　世の中にはいろいろな種類の法律家がいます。裁判官，検察官，弁護士（「法曹三者」と呼ばれることがあります）は法律家の典型です。広く含めれば，法律学者もそうでしょう。中央省庁や地方自治体で法律，条例等の企画立案・起草にたずさわる公務員たちも一種の法律家だと言えるでしょう。

　日本では，裁判官，検察官，弁護士になる標準的なコースは，ロースクールに入学して2～3年の課程を修了し，司法試験に合格して司法修習を終えるというものです。

　日本には弁護士と隣接する職種として司法書士があります。登記や供託についての手続の代理のほか，簡易裁判所における訴訟手続の代理等も行うことができます（司法書士法3条1項6号イ，裁判所法33条1項1号）。司法書士も法律家だと言えるでしょう。

　法律に関わる職種は国によってさまざまです。イギリスでは，弁護士が法廷弁護士（バリスタ）と事務弁護士（ソリシタ）に分かれています。事務弁護士は日本の司法書士に相当する事務を行うほか，法廷弁護士に事件を割り振る役割も果たします。フランスでは，法廷弁護士（avocat, avoué）と事務弁護士（conseil juridique）がかつては分かれていましたが，現在では avocat の名称で統合されています。

日本では，裁判官の大部分は司法修習を終えた者からリクルートされ，最高裁判所の指名した者からなる名簿をもとに内閣が任命します（憲法80条1項，裁判所法40条1項）。イギリスでは，裁判官の大部分は経験豊富な法廷弁護士の中から選任されます。

こうした法律家の職種の違いや選任方法の違いは，それぞれの国の歴史を反映したもので，どうしてもこうでなければならないというものが1つに決まっているわけではありません。しかし，だからと言って，こうした職種や選任方法のあり方を気軽に変えてよいわけでもありません。

司法書士法事件

SECTION **2**

2000年2月8日に最高裁の第三小法廷が下した判決では，[1] 司法書士と行政書士との職域の垣根が問題となっています。登記に関する手続の代理をするには，司法書士の資格が必要で，それ以外の者が登記手続を代理すると，1年以下の懲役又は100万円以下の罰金が科されます（司法書士法78条）。この事件では，行政書士であった被告人が登記申請の代理を行ったため，司法書士法違

---

1) 最判平成12年2月8日刑集54巻2号1頁。この事件当時は，罰金の額は30万円以下でした。

反で起訴されました。被告人は，登記手続の代理業務を司法書士に独占させる制度は，職業選択の自由を保障する憲法22条1項に違反すると主張しました。

これに対して，最高裁の判決は，さしたる理由も述べないで，「右規制が公共の福祉に合致した合理的なもので憲法22条1項に違反するものでない」ことは，最高裁のいくつかの先例の「趣旨に徴し明らかである」と簡単に結論づけました。ただ，最高裁がこの判決で挙げている先例は，いずれも本件とはかなり事案や性格を異にするもので，直接の参考になりそうにありません。

司法書士の資格を得るには，法律科目を含めていろいろな科目についての筆記試験と口述試験を受けて合格する必要があります（司法書士法6条）。司法書士の事務を行うために十分な知識と能力があるかどうかが試されます。登記手続の代理を行うには，司法書士となるための研鑽を積んで資格を取得する必要があることは，法律にも明記されており，誰もが承知していることです。

この世を見渡せば，司法書士という資格や職業が存在しない社会もあります。司法書士という資格を設定して業務の切り分けをすることが，人間の社会を運営していく上で必要不可欠だというわけでもないでしょう。しかし，厳密な必要性があるとは言えないからという理由で，司法書士以外の者でも登記手続の代理業務を行うことができることにしてしまえば，折角研鑽を積んで司法書士の資格をとり，生計を立てようとしていた人の人生設計を後から台無しにすることになってしまいます。

同じことは，弁護士や税理士，公認会計士等，多くの資格や職

業について言えることでしょう。最高裁が慎重な態度をとっているのも当然のことです。

法 律 学 者

SECTION **3**

　法律学者と呼ばれる人々の多くは，法律学を学ぶために大学の大学院に入り，修了して博士号を取得した人たちです。優れた論文を執筆して博士号を取得しても大学にポストを得ることができない人もいれば，それなしで大学にポストを得ることができた人もいます。そうした点で，学者として人生を送ることができるかどうかは，マックス・ウェーバーが『職業としての学問』で述べているように，運不運によるところが多分にあります。

　学者は実務家と言われる裁判官，検察官，弁護士等ほどには収入が多いわけではありませんし，研究を進めるためには書籍，資料等を購入しなければならず，出費もそれなりにかさみますから，優雅に人生を送りたいという人にはあまり向いていません。もともと裕福な家に生まれたとか，貧乏暮らしが苦にならないという人に向いています。

　それでもなぜ学者をやっているのかは――私も学者ですが――よく分かりません。昔

> **マックス・ウェーバー**
>
> Max Weber (1864-1920) は，ドイツの社会学者。主著に『プロテスタンティズムの倫理と資本主義の精神』『職業としての政治』『経済と社会』等があります。

はお金がない代わりに時間的な余裕がそれなりにありましたが，最近はそれも随分と切り詰められてきました。結局のところは，研究をすることが性に合っているということなのでしょう。そういう人も，世の中にそうそういるわけではありません。どちらかと言うと，変わった人たちだと考えた方がよさそうです。

とはいえ，なぜ学者の収入は実務家ほどではないかと言えば，実務家になりたいという人より学者になりたいという人の方が，それぞれに対応するポストにくらべて多いからということにはなりそうです（経済学の入門書によると，需要と供給で価格は決まるはずですから）。つまり，学者の方が市場への参入が難しいわりには，なりたがる人が多いというわけです。なぜかは分かりませんが。

法律学者に限らず，学者と言われる人々の多くは，大学に勤めています。大学は英語で university と言いますが，もともとは universitas というラテン語で，学者からなる法人のことを指しています。大学はメンバーが次々入れ替わりつつも永遠に続いていくはずの法人で，法人の運営の仕方も，誰をメンバーにするかも，どんな研究・教育をするかも，大学に結集した学者たちが自律的に決めていくものだという考え方を指して，「大学の自治」と呼びます。

学者は勉強が大好きという少し変わった人たちです。そういう人たちをひと所に集めて世間から隔離しておくと，もともとの勉強好きの傾向が嵩じて飛騨の山奥に大きな穴を掘って水をためたりとかいろいろ変わったことを始めますが，それが長い目で見ると，世の中全体のためにも役立つことになるという考え方が，大

学という組織を支える根底にあります。

法律家の共同体と認定のルール

3　SECTION **4**

　本書は法について論じてきました。権威として機能する法，人に対して自分の判断に即して行動するのではなく，法の指示に即して行動するように要求する法です。実定法と呼ばれるものです。

　ある社会の実定法が何でしょうか，どうやってそれを人の行動に関するほかのきまり——道徳上の格率やエチケットのルール等——から区別することができるでしょうか。この区別ができないとすると，人は何を権威として扱ったらよいかの手掛かりを得ることができません。

　H. L. A. ハートは，近代以降の社会では，どこでも，その社会の実定法が何か（何が実定法ではないか）を見分けるためのものさしがあるものだと言います。彼はこれを「認定のルール the rule of recognition」と呼んでいます。

　第**3**章**2**で説明したように，前近代社会にも慣行によって徐々に成立する実定法らしきものはあったのでしょう。しかし，生活環境が目まぐるしく変わり，技術やサービスが日々進化する近代以降の社会では，人々の慣行がゆっくりと成立したり変化したりするのを待っているわけにはいきません。ある人々の集団（議会）

が制定したものは実定法になるとか，あの人たち（裁判官）が判決の中で示す原則（判例）は一種の実定法として受け入れられるべきだとかという，何を実定法として認定するかを判断するものさしが，近代以降の社会では必要となります。

　ではそのものさし自体はどのようにできあがるかですが，ハートは，そうしたものさしは法律家たちからなる共同体の事実上の共通了解であって，彼らの間の慣行として成立するものだと言います。人々がどう行動すべきかを指示する多くの実定法は，議会が制定したり，裁判所が判例として宣言したりするものでしょうが，ある社会において議会制定法や判例が実定法なのだということを決めているメタ・レベルのルールは，法律家共同体の慣行としてしか存在しないものだというわけです。

　ハートが生涯を過ごしたイギリスの場合で言えば，ウェストミンスターの議会が制定したものは何であれイギリス社会の実定法だという共通了解が，慣行として成立しています。それは，憲法典に書き込まれているわけではなく（イギリスに憲法典はありません），かりに何らかの法典に書き込まれたとしても，そのことにさしたる意味はありません。その法典がなぜ根拠となるのかは，やはり法律家共同体の共通了解にもとづいて答えを出すしかないからです。そうした共通了解は，慣行である以上，誰か（議会？）の決定によって特定時点で変化する（改正される）こともありません。

　現在の日本であれば，日本国憲法の定める内容と手続にもとづいて国会が制定した法律は実定法だという認定のルール（の一部）

が存在すると言えるでしょう。しかし，日本国憲法それ自体が認定のルールなのではありません。憲法典の定める内容と手続にもとづいて国会が制定した法律が実定法なのだという，裁判官，検察官，弁護士，法学者などからなる日本の法律家共同体の共通了解が認定のルールです。

　なぜそんな共通了解ができあがっているかというと，日本国憲法がとても優れた内容の尊い憲法だからと思っている法律家もいれば，この了解を前提としてものごとを考えないとそもそも商売にならないと思っている法律家もいるでしょうし，みんながそう考えているようだから私もそう考えているだけという法律家もいるでしょう。理由は人それぞれのはずです。

　前近代社会では，人の行動を指示する実定法は，人々の慣行を通じて徐々に成立し，変化していきました。現代の実定法は，議会や裁判所によって日々，更新されていくのですが，誰のどのような行動によって実定法が更新されるかの判断規準は，法律家共同体の慣行を通じて徐々に成立し，徐々に変化するしかないものだというわけです。

　このため，現代社会で生きる人々は，人を殺すなとか道路の交通規則は守れといった，世間一般の常識だけで判断可能な範囲を超えて，少し難しい法律問題に出くわすと，自分が従うべき実定法が何か，裁判所に自分の事件を持ち込むと裁判官はどのような判断を下しそうかを，自分自身で判断することができなくなっています。専門的な知識を備えた弁護士から，相談料を支払った上で教えてもらうしかないわけです。現代社会には，そうした弁

護士や，仕事仲間の裁判官，検察官を養成するための教育機関（ロースクール）があり，そうした教育機関を通じて，法律家共同体の共通了解となった慣行は再生産されます。

　現代の民主国家では，政府は国民（有権者）に対して，自分たちの行動を正確な事実にもとづいて説明する責任があり，いざとなれば国民によってその地位を追われるものだと考えられています。しかし，国民によって選出される議員からなる議会の主要な生産物である法律を，人々は丹念に読んだりはしないでしょう。そうだとすると，政府や国会議員は何に対して責任を負っているのでしょうか。また，法の支配（第2章）の要請を満たさなければならないと言っても，実際に法を読んで理解できるのは，法律家共同体のメンバーに限られているのであれば，一般市民にとっての意味はさほど大きくないのではないでしょうか。悄然とさせられる話ではありますが，それが現代の民主国家の現実でしょう。

　以上で述べたことは，認定のルールなどということばは聞いたこともないという法律家が大部分だとしても（おそらく大部分でしょう），それでもあてはまることがらです。ケルゼンの言う「根本規範」（第4章3）が，そんなことなど思いもつかないという人であっても，実定法である以上は遵守すべきだと考えるあらゆる人の思惟の論理必然の前提であるのと同様，ハートの言う「認定のルール」は，そんなルールのことは聞いたこともないという法律家を含めて，彼らの人生を根本で支えている慣行です。

2000年2月8日の最高裁判決の解説として，長谷部恭男ほか編『憲法判例百選Ⅰ〔第7版〕』〔有斐閣，2019〕95事件〔中島徹〕があります。

自己利益を図る合理的個人の選択が市場機構を通じて集計され，社会全体にとっての最適解を示すという観念をどこまで額面どおりに受け取るべきかという問題もあります。オバマ政権で経済・財政政策策定の枢要を占めた経済学者，ローレンス・サマーズ（Lawrence Summers）は，「周りを見てみろ，バカばかりだ」と述べたとのことです（quoted in Zachary D. Carter, *The Price of Peace: Money, Democracy, and the Life of John Maynard Keynes* (Random House 2020) 532）。

同じ傾向を持つ人たちをひと所に集めて周りから隔離しておくと，最初の傾向が一層強まるという現象を「集団偏向現象 group polarisation」と呼びます。運動部が合宿するのも，この現象を利用しているわけです。過激派のセクトのように，世のため人のためにならない帰結が生ずることもありますが。大学も，この集団偏向現象を利用する組織の例です。

認定のルールについては，H. L. A. ハート『法の概念〔第3版〕』〔長谷部恭男訳，ちくま学芸文庫，2014〕第Ⅴ章および第Ⅵ章をご覧ください。ケルゼンの根本規範とは異なり，認定のルールは，その社会の法律家集団の共通了解として現に存在するものです。その存在は事実問題です。単に，思考の上で前提されていると考えざるを得ないものではありません。

他方，ハート自身が指摘するように，認定のルールは何が実定法であるかをどんな状況でも明確に指し示してくれるとは限りません。

　ハートは，実定法は，どんなに明確な形で規定されていても，それが適用されるのか適用されないのかが明確でない場合——たとえば，「この公園への自動車の立ち入りを禁じます」という市の条例があったとして，子供用のおもちゃの電気自動車は持ち込めないのか，急病人を病院に運ぶための救急車は立ち入れないのか，といった事例です——が必ず発生することを指摘して，そうした場合を法の「綻び open texture」と呼んでいます。周縁部分の境界線ははっきりしないものです。

　「綻び」は認定のルールについても，発生します。たとえば，他国との戦争に敗北して政府自体が海外に亡命してしまったとき，亡命政府が発する法令は，なおその国の実定法と言えるでしょうか。しばらくして亡命政府が帰還し，再び国を実効的に支配するようになったときはどうなるでしょう。誰もが認める決まった答えがあるわけではなさそうです。

　ハートは，国際法はかなりの程度まで，前近代社会の法と同じ性格を備えていると考えています（前掲『法の概念』第Ⅹ章）。国際法は，各国政府の実例や慣行を通じて徐々に成立し，変化していきます。共通了解としての認定のルールが，事実として確立しているわけでもありません。ハートによると，それはまだ法秩序とは言えないものです。

国会が最近，制定した法律をどれでもよいので読んでみてくだ
さい（最新のものは衆議院のウェブサイトの「立法情報」欄やイ
ンターネット版官報（https://kanpou.npb.go.jp/））で見ること
ができます）。何が書いてあるか理解できますか？

あとがき

　本書では，法は人々に対し，自分の判断に即して行動するのではなく，法の指示に従って行動するよう要求するものであることを説明してきました。この法の要求が，要求としてそもそも成り立つためには，法の支配と総称されるいくつかの要請を十分な程度に満たしている必要があります。

　とはいえ，法の要求に素直に従うべきか否かは，別問題です。それは，最終的には，個々人が個別の法ごとに，具体の適用場面で判断すべきことがらです。法は所詮は，人の実践理性の働きを簡易化してくれる道具です。道具には限界があります。蚊を落とすのにバズーカ砲を使うべきではありませんし，剃刀で猛牛に立ち向かうべきでもありません。

　遵法精神を備えた市民として生きることは，実践理性にもとづいて生きる人間であることをやめることと同じではありません。いざとなれば，裁判の場で解釈論争を構えることも，憲法を武器に戦うこともできます。

　近代社会は前近代社会とは違い，人の生き方が生まれついた身分に即して決まっている社会ではありません。どのような信念をもってどのような人生を送るか，日々どのように行動するかは，人がそれぞれ自分で考え，自分で判断すべき社会です。そこでは，人は独立した個人として，自分の人生を自分で構想し，自分で切

り拓くべき存在として扱われ，尊重されなければなりません。そうした存在として扱われることを自らも要求すべきです。

　そのことは，前近代の社会と比べて，人がより幸福に暮らすことができるようになったことを必ずしも意味しません。どう生きるべきかを自分で判断する必要もなく，生まれついた家の職業を継ぎ，身分に応じた暮らしをして，村の外の世界など全く知らないまま生涯を送る方が，主観的には幸せな人生を送ることができるかもしれません。

　自分で判断しなければならないというのは，それなりにつらいことです。何が自分にとって正しい生き方か，それを決めるのは自分でしかないわけですから。誰もが同意する客観的なものさしは，そこにはありません。しかし，前近代のような生き方はもはや不可能です（そういう生き方に戻るべきだと言いたがる人たちは，今でも見かけますが）。近代以降の社会では，親の職業を継ぐかどうかも，自分自身が決めることです。

　近代社会への移行は，法のあり方をもさまざまに変化させました。法は人の内心には関わらなくなります。法は，社会生活に関係する限りで，人の外面的な行動を規律します。また，人々の慣行を通じて徐々に実定法が成立していた前近代と違い，近代社会では，何が自分たちの行動を規律する実定法かを人々が感覚的に把握できる余地は狭まります。専門的な法律家集団に，何が法かをコストをかけて教えてもらう必要があります。

　つまり，近代社会では，一般市民と法との距離は広がりつつあると言ってよいでしょう。この距離が広がることは，民主政治の

健全な運営と維持にとっても懸念されるべき材料です。近代立憲主義の原則に立脚する民主国家では，政治は国民を代表する議会の生産する法にもとづいて運営されることが原則です。その法が何かが一目瞭然ではないとすると，法にもとづく政治が行われているかどうか，法の支配が維持されているのかどうか，一般市民には簡単には分からないことになります。民主政治の仕組みの中では，法の支配を掘りくずし，特定の集団の利益に沿うよう政治を擅断しようとする圧力も働きがちです。市民に向けて法の現状を説明し，法の立案・制定とその解釈・適用に与る法律家集団の責務は，それだけ増すことになります。

　本書の執筆を企画していた段階では，法律学のテキストや教材について何を選ぶべきか，勉強する上でどのように使うかを案内する章や，法律学特有のことばの使い方を簡単に説明する章を立てようかと考えていました。しかし最近，大橋洋一さんが『法学テキストの読み方』〔有斐閣，2020〕というとても分かりやすい書籍を刊行されましたので，屋上屋を架す必要はないと判断して，やめておくことにしました。

　本書を読了された方は，これからみなさんを待ち構えている法の世界がどのようなものか，だいたいの感覚をつかむことはできたのではないでしょうか。そうであることを願っています。あらゆる理想がすべて実現可能な夢のような世界がみなさんを待ち受けているわけでは，残念ながらありません。

　法は，こうなってはみんなが困るという社会にならないよう阻止することには役立つかもしれませんが，理想の社会の実現には

あとがき

必ずしも役立ちません。何が理想の社会かは人によって考えが異なり，しかも相互に比較不能で，多数決で答えを決めるには適していないことが多いからです。ある人にとっての理想の社会は，ほかの人にとってはこの世の地獄かもしれません。すべての人にとっての理想の社会は，単なる幻影です。

　さらに法律学の勉強を進めていきたいとお考えの方は，早速にも始発駅から旅立ってください。すべての理想，すべての正義が必ずしも実現することのない世界，そこでいかに生きるか，それを決めるのは自分自身でしかなく，自分の決断の責任は自分が引き受けるしかないという自覚をもって。

Y. H.

索　引

索

引

● 著者紹介

長谷部恭男 （はせべ やすお）

　1956 年　広島県生まれ
　1979 年　東京大学法学部卒業
　　　　　　学習院大学法学部教授，東京大学法学部教授等を経て，
　現　　在　早稲田大学大学院法務研究科教授

主要著書

『憲法の境界』（羽鳥書店，2009 年）
『憲法の円環』（岩波書店，2013 年）
『法とは何か──法思想史入門〔増補新版〕』（河出書房新社，
　2015 年）
『憲法の理性〔増補新装版〕』（東京大学出版会，2016 年）
『憲法の論理』（有斐閣，2017 年）
『憲法〔第 7 版〕』（新世社，2018 年）
『比較不能な価値の迷路──リベラル・デモクラシーの憲法理論
　〔増補新装版〕』（東京大学出版会，2018 年）
『憲法講話──24 の入門講義』（有斐閣，2020 年）
『憲法の階梯』（有斐閣，2021 年）

法律学の始発駅
The Starting Station for Law Students

2021 年 7 月 30 日　初版第 1 刷発行

著　　者　　長　谷　部　恭　男

発 行 者　　江　草　貞　治

発 行 所　　株式会社 有　斐　閣

　　　　　　郵便番号　101-0051
　　　　　　東京都千代田区神田神保町 2-17
　　　　　　電話　（03）6629-8203 〔編集〕
　　　　　　　　　（03）3265-6811 〔営業〕
　　　　　　http://www.yuhikaku.co.jp/

組版／デザイン・田中あゆみ
印刷・大日本法令印刷株式会社／製本・牧製本印刷株式会社
©2021，Yasuo HASEBE．Printed in Japan
落丁・乱丁本はお取替えいたします。
★定価はカバーに表示してあります。

ISBN 978-4-641-12628-2